Le temps des pommes

Illustrations : Elayne Sears
Traduction : Françoise Schetagne
    avec la collaboration de Jacques Vaillancourt

Données de catalogage avant publication (Canada)
Woodier, Olwen
    Le temps des pommes
    Traduction partielle de : Apple Cookbook.
    1. Cuisine (Pommes). I. Leclerc, Suzanne P. II. Titre.
TX813. A6W6614 2002   641.6'411   C2002-940904-7

DISTRIBUTEURS EXCLUSIFS:

• Pour le Canada
et les États-Unis:
MESSAGERIES ADP*
955, rue Amherst
Montréal, Québec
H2L 3K4
Tél.: (514) 523-1182
Télécopieur: (514) 939-0406
* Filiale de Sogides ltée

• Pour la France et les autres pays:
VIVENDI UNIVERSAL PUBLISHING SERVICES
Immeuble Paryseine, 3, Allée de la Seine
94854 Ivry Cedex
Tél.: 01 49 59 11 89/91
Télécopieur: 01 49 59 11 96
Commandes: Tél.: 02 38 32 71 00
                Télécopieur: 02 38 32 71 28

• Pour la Suisse:
VIVENDI UNIVERSAL PUBLISHING SERVICES SUISSE
Case postale 69 - 1701 Fribourg - Suisse
Tél.: (41-26) 460-80-60
Télécopieur: (41-26) 460-80-68
Internet: www.havas.ch
Email: office@havas.ch
DISTRIBUTION: OLF SA
Z.I. 3, Corminbœuf
Case postale 1061
CH-1701 FRIBOURG
Commandes: Tél.: (41-26) 467-53-33
                Télécopieur: (41-26) 467-54-66

• Pour la Belgique et le Luxembourg:
VIVENDI UNIVERSAL PUBLISHING SERVICES BENELUX
Boulevard de l'Europe 117
B-1301 Wavre
Tél.: (010) 42-03-20
Télécopieur: (010) 41-20-24
http://www.vups.be
Email: info@vups.be

Pour en savoir davantage sur nos publications,
visitez notre site: **www.edhomme.com**
Autres sites à visiter: www.edjour.com • www.edtypo.com
www.edvlb.com • www.edhexagone.com • www.edutilis.com

Dépôt légal: 3e trimestre 2002
Bibliothèque nationale du Québec

ISBN 2-7619-1728-6

Gouvernement du Québec – Programme de crédit d'impôt pour l'édition
de livres – Gestion SODEC.

L'Éditeur bénéficie du soutien de la Société de développement des entreprises
culturelles du Québec pour son programme d'édition.

Nous reconnaissons l'aide financière du gouvernement du Canada par
l'entremise du Programme d'aide au développement de l'industrie de
l'édition (PADIÉ) pour nos activités d'édition.

Le temps des **Pommes**

150 délicieuses recettes

Olwen Woodier

avec la collaboration de Suzanne P. Leclerc

LES ÉDITIONS DE L'HOMME

Petite histoire de la
pomme

L'homme croque des pommes depuis environ 750 000 ans, en fait depuis que les cueilleurs du paléolithique découvrirent les pommettes sauvages au goût acide qui poussaient dans les forêts du Kazakhstan, en Asie centrale. Aujourd'hui, les botanistes croient que c'est dans cette région du monde que se trouvent les origines génétiques des pommes sauvages qui sont les ancêtres de celles que nous consommons.

Durant une visite au Kazakhstan en 1989, des botanistes américains trouvèrent de grands bouquets de pommiers anciens — des arbres de 300 ans, hauts de 15 m, garnis de grosses pommes rouges. Ces arbres de la variété **Malus Sieversii,** variété sauvage que l'on croit aujourd'hui être l'ancêtre de tous les pommiers cultivés, avaient été découverts en 1929 par le botaniste russe Nikolai I. Vavilov. Malheureusement, les travaux en génétique de Vavilov lui valurent d'être emprisonné durant l'ère stalinienne. Il mourut en prison en 1943. Sa fantastique découverte fut annoncée au reste du monde par l'un de ses anciens étudiants et collègues, lequel, à l'âge de 80 ans, sentit qu'il devait transmettre cette connaissance avant qu'il ne soit trop tard pour sauver les forêts de pommiers anciens.

Voyages de la pomme

La découverte en Asie Mineure de restes de pommes carbonisés indique que les fermiers du néolithique cultivaient des pommiers sauvages il y a 8000 ans. Plus tard, les hordes migrantes avaient l'habitude d'emporter des pommes pour se nourrir durant leurs déplacements. On croit que c'est durant ces migrations que se produisit l'hybridation de la variété *Malus sieversii* avec *Malus orientalis* et *Malus sylvestris,* deux variétés sauvages produisant de petites pommes vertes particulièrement acidulées.

La preuve existe que, au moins dès 1300 av. J.-C., les Égyptiens plantèrent des vergers le long du delta du Nil. Les Grecs quant à eux s'initièrent aux techniques de greffage vers 800 av. J.-C., tandis que les Romains cultivèrent des vergers en Grande-Bretagne vers 200 av. J.-C.

L'origine de la pomme

Lorsqu'il découvrit des bouquets de pommiers anciens en Asie centrale, Nikolai Vavilov se réjouit:

«Tout autour de la ville, on pouvait voir une vaste étendue de pommiers sauvages tapissant les contreforts. Il était évident que ce site magnifique était le berceau de la pomme cultivée.»

La pomme en Amérique

À leur arrivée, les colons ne trouvèrent en Amérique que quatre variétés de pommiers sauvages. Cependant, les Français, les Hollandais, les Allemands et les Anglais y apportèrent tous des pépins, et bientôt des pommiers fleurirent autour de leurs rustiques demeures. Les colons anglais furent les premiers à apporter des scions (pousses de l'année) de pommiers en Amérique du Nord.

Aux États-Unis, le premier verger fut planté à Boston, en 1625, par le pasteur anglais William Blaxton. Quelques années plus tard, d'autres vergers le furent dans la région par John Winthrop et par John Endicott, gouverneurs de la colonie.

9

En 1647, Peter Stuyvesant, gouverneur de La Nouvelle-Amsterdam (aujourd'hui New York) planta les premiers pommiers hollandais dans sa ferme, la Bouwerie. Le premier verger commercial naquit à Flushing (N.Y.) en 1730.

Des milliers de variétés de pommiers apparurent durant les XVIIIe et XIXe siècles, les colons ayant décidé de planter des pépins de pommes au lieu d'acheter les scions importés d'Angleterre ou d'autres pays d'Europe. Durant leur migration de la côte atlantique vers l'Ouest, les colons plantèrent des pépins de pommes le long de leur chemin.

Grâce aux hivers modérément froids des régions septentrionales des États-Unis, les récoltes des colons furent bonnes. Les pommes, tout comme les feuilles d'automne, ont besoin pour présenter leurs plus belles qualités d'un équilibre parfait des températures: journées chaudes et ensoleillées d'octobre que suivent des nuits fraîches.

Le fruit le plus populaire en Amérique

Cultivée dans tous les États américains, la pomme est produite à l'échelle commerciale dans 36 de ceux-ci. Toutefois, 6 États — Washington, New York, Michigan, Pennsylvanie, Californie et Virginie — produisent à eux seuls la majeure partie de la récolte américaine, laquelle a atteint 254 217 millions de boisseaux (1 boisseau = 19 kg) en 2000. Le tiers environ de la récolte est transformé en jus, mis en conserve, surgelé ou déshydraté. L'Américain consomme en moyenne près de 22 kg de pommes par an.

Outre le fait qu'on peut la trouver à longueur d'année, la pomme est le fruit le plus populaire en Amérique pour de nombreuses raisons:

- Elle est délicieuse, à usage multiples et facile à transporter.

- Nutritive, elle est riche en fibres et pauvre en calories. (Voir à la page 147 les renseignements sur sa valeur nutritive.)

- Elle contient de 85 à 95 p. 100 d'eau: apportez-en une pour étancher votre soif au besoin.

- Son acidité en faisant un rafraîchissant naturel pour la bouche, la pomme termine très bien un repas.

- On croit qu'elle possède de nombreuses autres propriétés bénéfiques pour la santé.

Attrait de la pomme

Dans le jardin d'Éden, quand Ève fut incitée par le serpent à manger le fruit de l'arbre défendu, «elle vit que le fruit était bon à manger et agréable à la vue, et qu'il était précieux pour ouvrir l'intelligence». Il ne fait aucun doute qu'elle fut aussi séduite par la forme, la couleur et le parfum de ce «fruit des dieux».

Imaginez que vous cueilliez une pomme pour la première fois. Faites-la tourner dans votre main. S'il s'agit d'une Russet, sa peau sera rugueuse et sèche, pas du tout comme celle de l'Empire, dont la peau rouge sur fond jaune est satinée. Portez-la sous votre nez et humez-la profondément. La pomme Empire dégagera un parfum délicat, bien conservé par sa peau lisse et légèrement huileuse. Par contre, la peau rugueuse d'une Russet bien mûre dégagera une odeur follement appétissante.

La plupart des cellules odorantes de la pomme sont concentrées dans sa peau. À mesure que la pomme mûrit, ces cellules produisent un arôme plus prononcé. C'est pourquoi la compote de pommes est plus savoureuse lorsqu'elle est faite de pommes non pelées.

11

La compote rose tire sa couleur de la chair de la pomme, pas de la peau, sauf si cette dernière a été réduite en purée avec la chair pour faire partie intégrante de la compote. Les pigments emprisonnés dans la peau ne sont pas libérés durant la cuisson, ni durant le broyage ou le pressage, parce qu'il est impossible de briser ces cellules de couleur.

Non seulement les pommiers ont frappé l'imaginaire des dieux et des mortels, mais ils attirent une trentaine d'espèces d'oiseaux et de nombreux animaux à quatre pattes. Certains oiseaux adorent se faire un nid dans les branches d'un pommier. Nombre d'oiseaux et de bêtes se régalent des bourgeons, de l'écorce et des feuilles de cet arbre. Les pommes mûres tombées font la joie des porcs-épics, des mouffettes, des renards et des chevreuils. Les opossums, ratons laveurs et ours n'hésitent pas à grimper dans les pommiers pour atteindre les branches chargées de fruits.

Variétés courantes dans les vergers

Même si des centaines de variétés de pommiers poussent en Amérique, une vingtaine seulement sont cultivés dans les vergers commerciaux. Les pommes commerciales ne sont pas choisies en fonction de leur goût, mais plutôt de l'abondance de leur récolte et de leur résistance aux maladies, ainsi que de leur aptitude à la plantation massive, à l'expédition et à l'entreposage de longue durée.

Saison des pommes

Dès juillet, les vergers sont envahis par des hordes de cueilleurs, mais ce n'est qu'après avoir été touché par les températures froides de septembre que le «fruit de l'immortalité», comme on a déjà appelé la pomme, présente la chair ferme et croquante qui fait la joie des pomiculteurs et amateurs de pommes. C'est en automne qu'un coup de dents dans une pomme fraîchement cueillie devient une expérience mémorable, qu'un

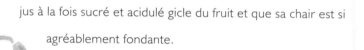

jus à la fois sucré et acidulé gicle du fruit et que sa chair est si agréablement fondante.

Passé décembre, les petites beautés de l'automne nous arrivent d'entrepôts à atmosphère contrôlée, où la température est maintenue entre 0 °C et 3 °C. Cette atmosphère contrôlée permet à la pomme récoltée en automne de conserver sa fraîcheur pendant plusieurs mois. Aujourd'hui, les consommateurs constatent qu'ils peuvent trouver une belle sélection de pommes après que les derniers fruits d'automne ont disparu dans les entrepôts. De janvier à juin, la plupart d'entre nous peuvent se procurer des pommes qui se conservent bien: Braeburn, Fuji, Gala, Golden Delicious, Granny Smith, Ida Red, McIntosh, Red Delicious et Rome Beauty. En fait, on peut désormais se procurer toute l'année la Granny Smith, la Golden Delicious et la Red Delicious.

Vous trouverez aux pages 190-204 une description détaillée des diverses variétés de pommes.

Sélection des pommes

Le déclin du nombre de variétés de pommes remonte à la fin du XIXe siècle et à l'avènement des vergers commerciaux. Après la Seconde Guerre mondiale, ce déclin a été accéléré par la pratique horticole limitant la plantation massive aux quelques variétés fiables de pommiers répondant à certains critères, telle la capacité de donner une récolte abondante, ainsi que celle de résister aux maladies, au transport sur de longues distances et à l'entreposage frigorifique de longue durée. Bien entendu, la pomme devait également avoir une peau lisse de couleur uniforme et une forme agréable à l'œil. D'autres variétés ont été choisies parce qu'elles convenaient parfaitement à la production à grande échelle de jus, de compotes et de garnitures de tartes. Ces qualités ayant rendu populaires certaines variétés auprès des pomiculteurs commerciaux, le choix offert au consommateur s'en est trouvé rétréci, surtout pour celui qui s'approvisionne principalement dans les supermarchés.

Heureusement, les spécialistes de la sélection des pommes mettent constamment au point de nouvelles et savoureuses variétés, aux qualités toujours plus nombreuses. Ils procèdent par hybridation de variétés éprouvées.

L'attrait des nouvelles variétés

Au cours des 10-15 dernières années, l'Amérique du Nord a été envahie par de nouvelles variétés de pommes. Certaines — Fuji, Braeburn, Gala et Pink Lady — ont d'abord été importées du Japon, d'Australie et de Nouvelle-Zélande. Vu leurs nombreuses qualités tant du point de vue du pomiculteur que de celui du consommateur, ces pommiers ont été plantés sur une grande échelle dans tous les États-Unis. Aujourd'hui, la plupart de ces nouvelles variétés ont atteint leur potentiel de croissance dans les vergers américains, et leur production à plein régime vient de commencer.

Les pomiculteurs cherchent surtout à mettre au point des variétés de pommiers hybrides résistant aux principales maladies menaçant ce type d'arbre fruitier — tavelure, feu bactérien, mildiou, rouille grillacée —, mais ne négligent pas pour autant les propriétés relatives à la qualité du fruit.

Bon nombre de nouvelles pommes présentent un goût aigre-doux et une chair ferme et juteuse. Par exemple, la Honeycrisp, hybride de la Macoun et de la Honeygold réalisé en 1960 à l'Université du Minnesota, a une chair ferme, sucrée et aromatique qui conservera sa texture et sa saveur exceptionnelles durant un

entreposage de longue durée. La Jonagold, hybride de la Jonathan et de la Golden Delicious, remporte souvent la palme durant les essais de dégustation. Récemment, un autre
hybride de la Golden Delicious (avec la Lady Williams) a été mis au point en Australie.
Il s'agit de la Pink Lady, une pomme à chair ferme tout usage à la saveur aigre-douce
irrésistible. Elle a été lancée sur le marché en octobre 2000.

La Liberty, autre réussite de l'hybridation, a été mise au point à l'Université Cornell
en 1978. C'est un croisement entre la Macoun et un hybride évolué (encore sans
nom). Lorsque la pomme mûrit, sa peau passe du vert au bourgogne, et la saveur
de sa chair ferme et croquante s'accentue. L'un des plus grands avantages de la
Liberty, c'est qu'on peut la cultiver sans application de fongicides ni traitements anti-
parasitaires.

Deux variétés américaines pleines de promesses sont le produit de semis favorisés
par le hasard. La Ginger Gold a été découverte dans les vergers Mountain Cove de
Lovingston (Virginie) après avoir survécu à la dévastation de l'ouragan Camille de 1969.
Descendant probablement de l'Albemarle Pippin, elle a été nommée en l'honneur de
Ginger Harvey, propriétaire des vergers avec son mari. Pomme de fin d'été, la Ginger
Gold a la peau or verdâtre, une chair blanc neige et une saveur sans pareille.

La Cameo a été découverte plus récemment, au milieu des années 1980, dans un
verger des contreforts des monts Cascade, dans l'État de Washington. Sa peau crème
est rayée de rouge et sa chair blanche sur fond crème résiste au brunissement. Ces
qualités, en plus de sa texture ferme et de son goût aigre-doux, font de la Cameo la
pomme idéale pour les salades et les desserts frais. Sa chair extrêmement ferme ne se
défait pas dans les mets cuits au four ou bouillis, mais requiert une cuisson un peu plus
longue. Elle a été lancée sur le marché en octobre 1998.

Les pommes héritées du passé

L'une des tendances les plus prometteuses de notre époque ultramoderne, c'est le regain d'intérêt pour les magnifiques variétés anciennes, qui ont été négligées par la production et la distribution de masse. (Pour obtenir des renseignements sur les diverses pommes anciennes, voir la page 199.)

Plus de 2500 variétés de pommiers sont cultivés au centre de recherche agricole de Geneva, dans l'État de New York. C'est l'un des centres les plus anciens en Amérique, et c'est là qu'est établi le service des ressources génétiques botaniques du ministère de l'Agriculture américain, dépositaire de la collection nationale de pommiers. On y trouve de tout, des pommiers anciens originaires d'Asie centrale jusqu'aux hybrides expérimentaux issus de pommiers apportés sous forme d'arbres ou de boutures en Amérique par les colons européens, de même que de vieilles variétés nord-américaines produites à partir de pépins datant du XVIIIe siècle.

Bon nombre de ces pommiers anciens comptent parmi les meilleures variétés pour ce qui est de donner un fruit à manger tel quel ou permettant de confectionner tartes, compotes et jus. Cependant, vu qu'ils donnent des récoltes variables, qu'ils sont sujets aux maladies et que leurs fruits ont souvent des formes peu esthétiques, peu de ces variétés sont cultivées dans les grands vergers commerciaux.

Afin de sauvegarder des variétés anciennes importantes susceptibles de contenir des gènes uniques, les spécialistes du service des ressources génétiques botaniques sont toujours à la recherche de nouveaux matériaux génétiques. S'ils le font, ce n'est pas tant que beaucoup de ces variétés anciennes donnent des pommes aromatiques à saveur intense, mais parce qu'elles représentent une diversité génétique. Pour se protéger contre la perte de la diversité génétique, il faut sauver le plasme génétique, ce matériau contenu dans les pépins.

Les pépins recueillis en Asie centrale et plantés à Geneva portent maintenant des fruits dont la couleur varie du pourpre au jaune, et dont certaines sont grosses comme des cerises, d'autres sont de taille commerciale, d'autres encore présentent une forme conique. La diversité des variétés sauvages et anciennes cultivées à Geneva permet aux chercheurs de mettre au point de nouveaux hybrides et cultivars qui résisteront aux maladies, aux insectes ravageurs et aux rigueurs de l'hiver, qui seront vigoureux et très productifs, et qui donneront des pommes savoureuses et fermes.

Exploitation des variétés anciennes

Même si certains pomiculteurs s'intéressent à la plantation commerciale de variétés anciennes de pommiers, des facteurs économiques les dissuadent de se lancer dans la production de masse. Ces variétés anciennes existent aussi sous forme d'arbres nains ou presque nains — qui produisent des fruits plus rapidement et plus abondamment que leurs ancêtres plus imposants —, mais il reste qu'elles mettent plus de temps à donner des fruits que les variétés privilégiées par les grands vergers commerciaux. Un petit nombre de pomiculteurs cultivent des variétés anciennes de pommiers, notamment ceux de Breezy Hill Orchard, à Hudson Valley, dans l'État de New York, et de Linden Vineyards, à Linden, en Virginie.

17

Cuisiner avec les
pommes

Bien sûr, elles font de superbes tartes, mais la cuisine des pommes ne s'arrête pas là. Avec un peu d'imagination, vous pouvez intégrer ce fruit à presque autant de mets non sucrés que de desserts.

On peut faire sauter des tranches de pommes avec des côtelettes de porc et du cidre. Hachée et sautée avec des oignons, la pomme transforme une banale recette de chou braisé au saucisson polonais en un repas du dimanche. Découpée en gros dés, la pomme rehausse le goût du poulet braisé et des ragoûts de porc ou d'agneau. Nous avons tous eu l'occasion de goûter l'une des variantes de la farce au pommes qui agrémente la dinde ou le canard. Les chutneys, relishes et compotes de pommes se marient très bien au porc, à la volaille, à l'oie, au gibier et aux currys.

Pour ce qui est des desserts, on peut farcir la pomme et la cuire au four, en faire des beignets, la servir dans une crêpe, l'intégrer dans les pains et gâteaux, en garnir des tartes ou des tartelettes, ou bien la cacher dans des tourtes, des croquants ou des Brown Betty.

Achat des pommes

En Amérique du Nord, on trouve des pommes toute l'année. Bien entendu, le climat et la latitude jouent un rôle important dans la répartition des vergers sur le continent. Les variétés qui mûrissent en septembre dans les États du Sud le font en novembre dans le Nord. Vu les différences de climat, la variété de pomme qui est sucrée et parfumée au nord peut être insipide et farineuse plus au sud. En fait, dans le Nord, on doit cueillir certaines pommes avant leur maturité pour les empêcher de succomber à la première gelée. Quelle que soit la région, les pommes qui sont considérées comme «de bonne conservation» — elles deviennent souvent plus sucrées et plus savoureuses avec le temps — mûrissent dans les entrepôts à atmosphère contrôlée des grands vergers commerciaux.

Malheureusement, après décembre, les pommes qu'achète le consommateur ont souvent parcouru de longues distances, ont traîné ici ou là, et ne sont pas gardées au froid dans les épiceries et supermarchés. Certains épiciers polissent les pommes pour les rendre plus attrayantes et, ce faisant, en enlèvent la pruine. Une fois cette pruine partie, la pomme commence à se décomposer.

Dans les vergers, les pommes cueillies sont si fraîches et en si bonne condition qu'elles n'ont pas eu le temps de se meurtrir. C'est pourquoi les amateurs de pommes deviennent un peu fous l'automne. Dès le mois d'août, parfois, et jusqu'à la fin de novembre, ils se rendent religieusement tous les week-ends dans les vergers et marchés de leur région à la recherche de variétés qui n'atteignent jamais les marchés de leur village ou de joyaux à production limitée comme la Summer Rambo, la Patricia et la Raritan.

Combien de pommes acheter ?

Si vous désirez faire une tarte, environ 1,2 kg (2 ½ lb) de pommes devraient suffire, c'est-à-dire cinq grosses pommes, ou bien sept ou huit pommes de grosseur moyenne, ou encore neuf ou dix petites. Le diamètre d'une pomme de grosseur moyenne est d'environ 7,5 cm (3 po).

Le picotin de pommes pèse 4,8 kg (10 ½ lb), et le boisseau 19 kg (42 lb). Bien sûr, les pommes achetées au boisseau vous reviendront moins cher, mais si vous n'avez pas l'intention de vous lancer dans une frénésie de cuisine (un boisseau vous permettrait de faire 16 tartes ou 20 litres de compote), assurez-vous de pouvoir les entreposer jusqu'à leur utilisation ou de compter plusieurs amateurs de pommes parmi vos amis.

Catégories de pommes

Même si la plupart du temps les pommes se vendent au kilo, certains magasins de détail les offrent emballées dans des sacs de plastique perforés. Le poids, la variété et la catégorie sont indiqués sur le sac. Au Canada, il y a sept catégories de pommes, mais, bien entendu, toutes ne se trouvent pas sur les tablettes des supermarchés: Canada Extra de fantaisie, Canada De fantaisie, Canada Commerciales, Canada Grêlées, Canada Commerciales à cuisson, Canada n° I à peler et Canada n° 2 à peler. Les pommes sont classées en fonction de leur calibre et de leur apparence.

Personnellement, je suis souvent déçue par les belles grosses pommes parfaites. Trop souvent, elles n'ont aucun goût et sont farineuses.

Comment choisir ses pommes

Il n'y a rien de mystérieux dans le choix des pommes. En règle générale, vous pouvez vous fier à ce que vous voyez. Si vous vous rappelez les points suivants, vous aurez d'excellentes pommes dans votre sac:

Choisissez des pommes exemptes de meurtrissures et fermes au toucher. S'il y a une meurtrissure ou une imperfection sur la peau, il y aura à cet endroit de la pourriture dans la chair.

Les pommes trop mûres seront molles; elles seront farineuses ou blettes. Leur couleur de fond sera un jaune ou un vert mat, au lieu d'un jaune ou d'un vert pâle et doux. Lorsque le vert d'une pomme est très foncé, cela indique que la pomme n'est pas tout à fait mûre. Ces pommes seront dures, acidulées et peu savoureuses. Elles peuvent convenir à la cuisson, mais si vous voulez les manger telles quelles, laissez-les mûrir lentement dans le réfrigérateur pendant une semaine ou deux.

Le choix de la variété de pomme dépendra de l'utilisation à laquelle vous la destinez. Si elle doit être croquée telle quelle, optez pour un fruit à chair ferme juteuse. Parmi les pommes d'été présentant ces qualités, on compte celles-ci: Ginger Gold, Raritan, Jonamac, Early Blaze Patricia et Paula Red. L'été fini, je choisirais parmi les variétés suivantes: Braeburn, Empire, Fuji, Jonagold, Macoun, MacIntosh et Mutsu/Crispin. Si vous voulez faire cuire au four les pommes entières ou en faire des tartes, choisissez une va-

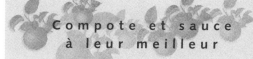

Compote et sauce à leur meilleur

Cuire les pommes sans sucre, vérifier leur goût après cuisson et ajouter alors, si nécessaire, du miel ou du sirop d'érable.

Cuire les pommes coupées en gros morceaux avec pelure et cœur, afin de garder toute leur saveur; les écraser en purée et les passer ensuite au tamis.

23

riété qui ne se défait pas à la cuisson et qui conserve sa saveur: Northern Spy, Stayman, Jonathan, Jonagold, Braeburn, entre autres. (Pour la liste des variétés convenant le mieux à telles ou telles utilisations, reportez-vous au tableau de la page 198.)

Peler ou ne pas peler la pomme?

Il y a beaucoup de bonnes choses dans la pelure d'une pomme: vitamine C, fibres et une grande partie de la saveur de la pomme. Alors, pourquoi ne pas lui laisser sa pelure? Parce que la pelure de certaines pommes est dure; même si elle n'est pas dure lorsqu'elle est mangée crue, elle ne se décomposera pas à la cuisson. À mon avis, rien ne gâche autant un gâteau, un pouding ou une compote que le fait d'y trouver un morceau de pelure. Vous pouvez omettre de peler les pommes dans toutes les recettes demandant de les peler et juger par la suite si vous auriez dû les peler.

Avantages de croquer des pommes

Les pommes crues stimulent l'exercice des mâchoires et en même temps massent les gencives et nettoient les dents. Elles procurent aussi des acides stimulants, des sucs, qui aident à la digestion et au fonctionnement des intestins.

Vous avez envie de faire des litres de compote? Songez alors à acheter une passoire spéciale, que vous trouverez dans des magasins spécialisés en cuisine. Si vous n'en faites qu'une petite quantité, un pilon-passoire ordinaire fera l'affaire.

Pour ma part, si une recette exige une grande quantité de légumes et de pommes râpés ou hachés, je me sers du robot de cuisine; et s'il me faut des pommes coupées en dés, je les découpe à la main pour qu'ils soient de grosseur uniforme. Le robot de cuisine fera des tranches très minces et très uniformes en un rien de temps.

Conservation des pommes

Les pommes mûrissent dix fois plus vite dans une atmosphère chaude et sèche qu'au froid. C'est pourquoi les pomiculteurs commerciaux entreposent leurs pommes dans des salles scellées à atmosphère contrôlée. Ce type d'entreposage réduit sans l'interrompre la consommation d'oxygène de la pomme, ce qui en ralentit le mûrissement. La durée de conservation de la pomme est alors prolongée de plusieurs mois. En outre, les pommes peuvent ainsi être cueillies avant d'être tout à fait mûres. Comme les pommes conservées dans une atmosphère contrôlée mûrissent très lentement, celles qui sont de bonne conservation retiennent leur texture ferme et juteuse, tout en devenant plus savoureuses et plus sucrées.

L'Association américaine de la pomme conseille aux consommateurs de conserver les pommes dans le réfrigérateur, dans le tiroir à légumes, à une température de 0 °C à 4 °C.

Voici les variétés de pommes qui se conservent le mieux: Cortland, Delicious, Empire, Fuji, Granny Smith, Honeycrisp, Ida Red, Macoun, McIntosh, Mutsu/Crispin, Northern Spy, Rhode Island Greening, Rome Beauty, Stayman et Winesap.

Lorsque vous conservez vos pommes dans le réfrigérateur, placez-les dans un sac de plastique ou un contenant perforé pour les empêcher de se dessécher.

Dans le cas de certaines variétés, même une courte exposition à la chaleur provoque un mûrissement excessif du fruit, dont la chair devient farineuse et dont la saveur est diminuée. Que vous cueilliez vos propres pommes ou que vous les achetiez au

La conservation des pommes

- Conserver les pommes au réfrigérateur, dans le bac des fruits, dans un sac de plastique perforé. Le froid arrête leur maturation; le plastique garde leur humidité.

- Les pommes se conservent ainsi très bien pendant une semaine.

- Vérifier et retirer du sac les pommes même légèrement meurtries avant de les entreposer.

- Asperger les pommes coupées avec du jus de citron pour éviter qu'elles jaunissent.

magasin, ne tardez pas à les placer dans un endroit frais. Cependant, examinez-les d'abord pour retirer les fruits meurtris, que vous devrez consommer le plus tôt possible. Comme nous le savons tous, une pomme pourrie peut gâter tout le lot.

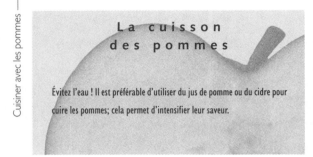

La cuisson des pommes

Évitez l'eau ! Il est préférable d'utiliser du jus de pomme ou du cidre pour cuire les pommes; cela permet d'intensifier leur saveur.

Outre la réfrigération, les autres méthodes de conservation des fruits sont la congélation et la mise en conserve de tranches ou de compote. Pour en savoir plus long sur le sujet, reportez-vous aux pages 175 à 186.

Substitution des variétés

Dans la plupart des recettes proposées dans le présent ouvrage, j'ai donné des recommandations quant à la variété de pommes à utiliser, parce que certaines recettes sont mieux réussies avec des pommes sucrées, d'autres avec des pommes acidulées, et d'autres encore avec des pommes dont la chair ne se défait pas à la cuisson. Par exemple, dans la recette d'omelette de la page 31, j'ai précisé qu'il fallait deux grosses Cortland, Jonathan ou Ida Red. L'une ou l'autre de ces pommes aurait ma préférence, pour des raisons de saveur et de texture. Cependant, si je ne peux trouver ces variétés, j'en choisirais une autre dont les qualités sont semblables. Dans ce cas particulier, j'opterais pour des Granny Smith à la peau vert très pâle, indication qu'elles sont bien mûres et faiblement acidulées, parce que leur chair est ferme. Je pourrais aussi choisir des Golden Delicious, des Jonathan ou des Jonagold plus vertes que jaunes, indication qu'elles sont à peine mûres et que leur saveur est plus acidulée que si elles étaient tout à fait jaunes, donc parfaitement mûres.. En cas de doute, reportez-vous aux descriptions des variétés de pommes des pages 190-204.

Si une recette demande une grosse pomme et que la vôtre vous paraît moyenne ou petite, procédez à la substitution en vous servant de la quantité exprimée en tasses et indiquée dans le tableau d'équivalence de la page 27.

Assaisonnement sans sel

J'ai grandi dans une famille frappée par l'hypertension. Pendant des années, le sel a été éliminé de notre alimentation. Cela n'était pas tellement difficile pour ma mère, pour la simple raison que les Anglais aiment garder leurs papilles gustatives en forme en les soumettant à toutes sortes de petites explosions de saveur.

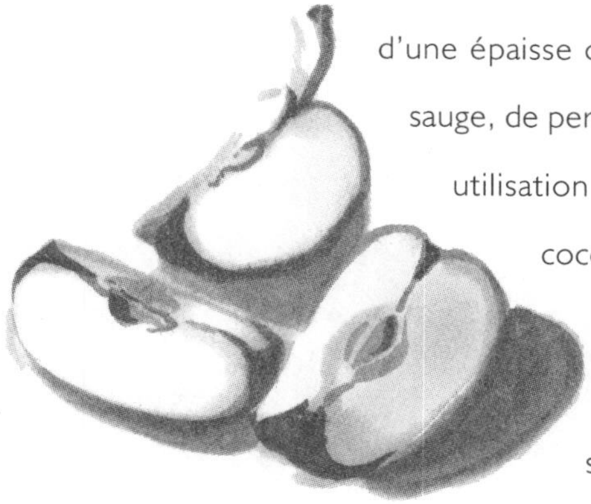

Nos sandwiches au rosbif et au jambon étaient toujours recouverts d'une épaisse couche de moutarde forte. Les réserves de thym, de sauge, de persil, d'origan et d'ail étaient toujours abondantes, vu leur utilisation intensive dans d'innombrables ragoûts et plats en cocotte.

La pomme et les épices font bon ménage. J'ai souvent dû freiner ma propension à utiliser ces merveilleuses poudres à l'excès. Si vous trouvez que je n'y suis pas allée assez fort pour votre goût dans mes recettes, n'hésitez pas à expérimenter et à ajouter une petite pincée d'épices ici ou là.

Même si ma mère utilise le sel judicieusement, moi, je l'ai éliminé. À vous de décider si vous voulez saler vos plats.

27

Tableau d'équivalence

Grosseur	Diamètre (po)	Tranchée ou hachée (tasses)	Râpée (tasses)	Hachée finement (tasses)	Compote (tasses)
Grosse	3 ¾	2 tasses	1 ¼ tasse	1 ½ tasse	¾ tasse
Moyenne	2 ¾	1 ⅓ tasse	¾ tasse	1 tasse	½ tasse
Petite	2 ¼	¾ tasse	½ tasse	¾ tasse	⅓ tasse

Petits-déjeuners et pains
aux pommes

Un bon petit-déjeuner permet de commencer la journée du bon pied et les pommes ajoutent certainement un apport nutritif très valable à ce repas. On peut les marier à n'importe quel plat, des omelettes aux crêpes, et elles accompagnent merveilleusement le bacon, la saucisse et le jambon. Les pommes ajoutent aussi beaucoup de saveur et de tendreté à une grande variété de pains, de coffee cakes et d'autres délices que l'on aime déguster le matin.

Omelette soufflée aux pommes

Voici une bonne façon de préparer une omelette pour quatre personnes permettant à tous de manger en même temps. Vous pouvez préparer les pommes la veille et les réchauffer dans un poêlon pendant quelques minutes le lendemain matin. Vous pouvez aussi utiliser des tranches de pomme en conserve.

4 PORTIONS

2 grosses pommes (Cortland, Jonathan, Ida Red)
4 c. à soupe de beurre
60 g (¼ tasse) de cassonade
1 c. à café (1 c. à thé) de cannelle moulue
4 œufs
60 g (¼ tasse) de sucre blanc
¼ c. à café (¼ c. à thé) de crème de tartre
1 c. à soupe de sucre glace

- Préchauffer le four à 230 °C (450 °F).

- Peler et évider les pommes, puis les couper en fines tranches.

- Chauffer le beurre dans un poêlon moyen et faire sauter les pommes 5 min à feu doux.

- Mélanger la cassonade et la cannelle. Saupoudrer sur les pommes. Remuer et faire sauter 10 min de plus pour les caraméliser. La consistance doit être épaisse et sirupeuse.

- Verser les pommes dans un plat de cuisson de 20 x 20 cm (8 x 8 po) et les garder dans le four chaud.

- Séparer les œufs. Fouetter les jaunes avec le sucre blanc dans un petit bol jusqu'à ce qu'ils épaississent passablement.

- Dans un grand bol, battre les blancs d'œufs avec la crème de tartre jusqu'à ce qu'ils soient secs et luisants. Incorporer le mélange de jaunes d'œufs, un tiers à la fois.

- Verser les œufs sur les pommes et cuire au four de 8 à 10 min. L'omelette sera soufflée et dorée. Retirer du four et saupoudrer de sucre glace. Servir immédiatement.

31

Duo de pommes et de yogourt

*Le parfait dessert d'été :
frais, léger, pas trop sucré et rapide à préparer.*

4 pommes sucrées
Jus de ½ citron
500 g (2 tasses) de yogourt nature
Sirop d'érable, au goût

- Peler des pommes sucrées, les râper et les arroser de jus de citron. Les incorporer à une même quantité de yogourt nature. Fouetter, refroidir. Servir avec du sirop d'érable, si on le désire.

Œufs brouillés aux pommes

Un bon petit-déjeuner qui permet de se sucrer joyeusement le bec.
Un excellent goûter après l'école.

2 PORTIONS

2 œufs
1 c. à soupe de miel
1 pomme moyenne (Granny Smith, Empire, Braeburn)
1 c. à café (1 c. à thé) de beurre
1 c. à café (1 c. à thé) d'huile végétale

• Battre les œufs avec le miel.

• Râper les pommes dans le bol contenant les œufs. Remuer.

• Chauffer le beurre et l'huile dans un poêlon. Quand ils commencent à grésiller, verser les œufs battus.

• Commencer à remuer immédiatement avec une cuiller de bois. Cuire 3 ou 4 min ou jusqu'à ce que les œufs soient cuits.

• Servir sur du pain grillé comme petit-déjeuner ou goûter chaud.

33

À l'heure du petit-déjeuner et du goûter

Voici quelques recettes simples qui vous permettront de préparer des petits-déjeuners et des goûters nutritifs en un clin d'œil.

• 125 g (½ tasse) de yogourt ou de fromage cottage, 90 g (½ tasse) de compote de pommes et quelques cuillerées de céréales santé.

• 250 g (1 tasse) de yogourt, 2 c. à soupe de noix hachées, 2 c. à soupe de raisins secs, 1 petite pomme hachée, 1 c. à soupe de miel et 1 c. à soupe de germe de blé.

• 1 pomme hachée, gruau à cuisson rapide et lait. Cuire au micro-ondes environ 60 sec ou selon les indications inscrites sur l'emballage. Arroser de miel, napper de yogourt à la vanille et saupoudrer de cannelle moulue.

• 2 tranches de pains multigrains ou de blé entier tartinées avec du beurre d'arachide et recouvertes de fines tranches de pomme et de fromage. Faire griller dans le four grille-pain environ 2 min, ou jusqu'à ce que le fromage commence à fondre.

Frittata aux pommes

Une belle façon de préparer une omelette aux légumes consistante.
Je sers la frittata le matin, le midi et même le soir. Je la garnis avec des restants
de légumes ou avec de bons légumes frais de saison. Elle est délicieuse chaude
ou à la température ambiante, ce qui en fait un plat idéal à l'heure du brunch.

2 À 4 PORTIONS

1 c. à soupe d'huile d'olive ou de canola
1 oignon moyen, haché
1 poivron rouge ou vert, haché
1 gousse d'ail, émincée
1 pomme moyenne (Granny Smith,
   Empire, Braeburn)
4 œufs
2 c. à soupe d'eau
½ c. à café (½ c. à thé) de sauge séchée
¼ c. à café (¼ c. à thé) de macis moulu
1 pincée de poivre noir moulu
60 g (½ tasse) de cheddar, de monterey
   jack ou de mozzarella, râpé

- Chauffer l'huile dans un poêlon moyen. Ajouter les oignons, les poivrons et l'ail et cuire à feu doux environ 15 min, jusqu'à ce que les oignons soient tendres.

- Peler et évider la pomme, puis la couper en fines tranches. Ajouter aux légumes et cuire 5 min.

- Battre les œufs avec l'eau, la sauge, le macis et le poivre. Verser sur les légumes. Couvrir avec le fromage râpé.

- Couvrir le poêlon et cuire 10 min à feu doux, jusqu'à ce que les œufs soient cuits et que le fromage soit fondu. Servir immédiatement.

Pâte à crêpes (recette de base)

Cette recette est inspirée de la recette de base servant à faire des crêpes au lait. Pour obtenir des crêpes plus épaisses, utiliser 250 ml (1 tasse) de liquide pour 180 g (1 tasse) de farine. Si l'on fait des crêpes pour le dessert, ajouter 2 c. à soupe de sucre et 1 c. à café (1 c. à thé) d'extrait de vanille aux ingrédients.

8 À 10 CRÊPES

250 ml (1 tasse) de lait
180 g (1 tasse) de farine tout usage
50 ml (¼ tasse) d'eau ou de jus
  de pomme
2 œufs
2 c. à soupe d'huile d'olive ou de beurre,
  fondu
Beurre pour la cuisson

- Dans le mélangeur ou un bol, mélanger le lait, la farine, l'eau, les œufs et l'huile. Battre jusqu'à consistance onctueuse.

- Chauffer un poêlon de 20 cm (8 po) à feu moyen et ajouter une noisette de beurre.

- Verser 50 ml (¼ tasse) de pâte à crêpes dans le poêlon et remuer celui-ci en tous sens pour bien couvrir le fond. Cuire environ 1 min, jusqu'à ce que le fond de la crêpe soit doré. Retourner la crêpe avec une spatule et cuire 1 ou 2 min de plus.

- Répéter la même chose avec le reste de la pâte à crêpes. Empiler les crêpes sur une assiette entre des feuilles de papier ciré (sulfurisé) et les garder dans le four chaud si on ne les sert pas immédiatement.

Crêpes à la saucisse du petit-déjeuner

*Une des recettes préférées de mon mari. Je prépare les crêpes et lui s'occupe
de faire cuire les saucisses. Vous pouvez préparer les crêpes à l'avance
et les empiler entre des feuilles de papier ciré (sulfurisé).*

4 PORTIONS

400 g (2 tasses) de tranches de pommes
  en conserve (p. 177), égouttées
1/2 c. à café (1/2 c. à thé) de cannelle
  moulue
1/2 c. à café (1/2 c. à thé) de macis moulu
3 c. à soupe de beurre
8 saucisses de 12 à 15 cm (5 à 6 po)
  de longueur
8 crêpes (voir p. 35)
Sirop d'érable

- Saupoudrer les tranches de pomme avec la can-nelle et le macis.

- Chauffer le beurre dans un poêlon moyen. Faire sauter les pommes 15 min, jusqu'à ce qu'elles soient ramollies et dorées. Garder au chaud.

- Piquer les saucisses et les cuire environ 10 min à feu doux dans un poêlon graissé. Garder dans le four chaud ou simplement couvrir le poêlon.

- Rouler les saucisses dans les crêpes, couvrir avec les pommes et servir chaud avec le sirop d'érable.

Crêpes aux pommes et au cheddar

N'hésitez pas à utiliser du fromage râpé vendu dans le commerce pour cette recette.
Les fromages à faible teneur en matières grasses conviennent aussi.
Évitez toutefois les fromages râpés qui ne contiennent pas de matières grasses ;
ils deviennent caoutchouteux sous l'effet de la chaleur.

4 PORTIONS

600 g (3 tasses) de tranches de pommes
  en conserve (p. 177), égouttées
50 ml (¼ tasse) de jus de pomme brut
  ou ordinaire
1 c. à café (1 c. à thé) de muscade moulue
8 crêpes (voir recette de base p. 35)
120 g (1 tasse) de cheddar, râpé
1 c. à soupe de beurre, fondu

- Dans un poêlon moyen, mélanger les tranches de pommes, le jus et la muscade. Laisser mijoter de 10 à 15 min à feu doux jusqu'à ce que les pommes soient tendres et que le liquide se soit presque complètement évaporé.

- Préchauffer le four à 190 °C (375 °C). Beurrer un plat de cuisson peu profond de 22 x 32 cm (9 x 13 po).

- Garnir chaque crêpe avec environ 50 g (¼ tasse) de pommes et 2 c. à soupe de cheddar. (Verser la garniture sur le tiers inférieur de la crêpe puis rouler vers le haut.)

- Ranger les crêpes, ouverture vers le fond, dans le plat de cuisson. Badigeonner avec un peu de beurre fondu et cuire au four 15 min ou jusqu'à ce qu'elles soient chaudes.

37

Crêpes aux pommes à la mode anglaise

*J'ai grandi en Grande-Bretagne où l'on nous servait souvent
des crêpes pour dessert et à l'occasion de certaines fêtes religieuses.
On les arrosait avec du jus de citron frais et on les saupoudrait de sucre.*

4 À 6 PORTIONS (16 À 20 CRÊPES)

360 g (2 tasses) de farine tout usage,
 tamisée
1 ½ c. à café (1 ½ c. à thé) de levure
 chimique
1 c. à café (1 c. à thé) de bicarbonate
 de soude
1 c. à café (1 c. à thé) de cannelle moulue
500 ml (2 tasses) de crème sure ou 375 g
 (1 ½ tasse) de yogourt nature
50 ml (¼ tasse) de jus de pomme brut
 ou ordinaire
60 g (¼ tasse) de sucre ou de miel
60 g (¼ tasse) de beurre, fondu
2 œufs
2 pommes moyennes (McIntosh, Golden
 Delicious, Empire)
Huile végétale pour la cuisson
Beurre, jus de citron, sucre (facultatif)

- Dans un grand bol, le mélangeur ou le robot de cuisine, mettre la farine, la levure chimique, le bicarbonate de soude et la cannelle. Ajouter la crème sure, le jus de pomme, le sucre, le beurre et les œufs. Battre ou mélanger jusqu'à consistance onctueuse. La pâte sera très épaisse. Laisser reposer de 30 à 60 min.

- Évider et râper les pommes, puis les incorporer à la pâte.

- Chauffer un poêlon à fond épais à feu moyen-élevé et ajouter environ 1 c. à café (1 c. à thé) d'huile végétale. Verser la pâte dans le poêlon chaud, quelques cuillerées à soupe à la fois (pour des crêpes plus grandes, verser 50 ml (¼ tasse) de pâte à crêpes à la fois).

- Après environ 2 min de cuisson, lorsque des bulles apparaissent à la surface, retourner et cuire de l'autre côté. Servir avec du beurre, du jus de citron et du sucre.

Crêpes aux pommes

Un bien joli dessert pour recevoir des amis.
La veille, cuire les crêpes et la compote et conserver au frais.
Le jour même, il ne reste qu'à monter le plat et à le réchauffer.

12 crêpes de 12 cm (5 po) de diamètre
(voir recette de base p. 35)
6 à 8 pommes
2 c. à soupe de beurre
Miel ou sirop d'érable, au goût
2 c. à soupe de beurre doux fondu
2 c. à soupe de sucre fin
1 c. à café (1 c. à thé) de cannelle

- Préparer les crêpes (voir p. 35) à l'avance avec de la pâte sucrée (12 cm/5 po de diamètre).

- Sauter des pommes pelées et coupées en lamelles dans du beurre mousseux, sucrer légèrement avec du miel ou du sirop d'érable.

- Cuire jusqu'à ce que les pommes aient la consistance d'une compote assez épaisse.

- Étendre cette compote sur les crêpes, les plier en deux ou les rouler, les placer côte à côte dans un plat à gratin beurré.

- Badigeonner légèrement les crêpes de beurre fondu, les saupoudrer de sucre parfumé à la cannelle.

- Au moment de servir les crêpes, les passer au four chaud à 190 °C (375 °F) quelques minutes pour les réchauffer.

39

Gâteau de crêpes

On peut faire un gâteau de crêpes avec des pommes cuites ou en conserve et de la confiture.
Il suffit de faire au moins 6 crêpes minces de 20 à 22 cm (8 à 9 po), de napper un côté
avec de la confiture (framboises, abricots, marmelade, etc.) et de séparer les crêpes avec une couche
de pommes cuites ou en conserve. Mettre le gâteau de crêpes dans un plat de cuisson
et cuire au four à 180 °C (350 °F) pendant 20 min ou jusqu'à ce qu'il soit chaud. Napper
avec de la confiture chaude et une boule de crème glacée ou de yogourt glacé à la vanille.

Beignets de pommes râpées

*Un délice à n'importe quelle heure du jour ! Pour les garder croquants
et les empêcher de devenir humides, faites-les cuire à feu élevé et n'en mettez pas trop
à la fois dans le poêlon. Arrosez-les de sirop ou saupoudrez-les de sucre glace.*

2 À 4 PORTIONS (12 À 16 BEIGNETS)

1 grosse pomme (Rome Beauty, Fuji,
Jonagold, Mutsu/Crispin)

2 œufs

90 g ($\frac{1}{2}$ tasse) de farine tout usage,
tamisée

$\frac{1}{2}$ c. à café ($\frac{1}{2}$ c. à thé) de levure
chimique

$\frac{1}{2}$ c. à café ($\frac{1}{2}$ c. à thé) de bicarbonate
de soude

$\frac{1}{2}$ c. à café ($\frac{1}{2}$ c. à thé) de cannelle
moulue

$\frac{1}{2}$ c. à café ($\frac{1}{2}$ c. à thé) de muscade
moulue

Huile végétale pour grande friture

- Peler, évider et râper la pomme dans un bol moyen.

- Séparer les œufs. Mettre les blancs dans un grand bol et les jaunes dans un petit bol. Fouetter les jaunes jusqu'à ce qu'ils soient légers et incorporer les pommes râpées. Ajouter les ingrédients secs et bien remuer.

- Battre les blancs d'œufs jusqu'à ce qu'ils soient secs et incorporer la préparation aux pommes.

- Chauffer 6 mm ($\frac{1}{4}$ po) d'huile végétale dans un poêlon chaud. Jeter la pâte dans l'huile chaude, une grosse cuillerée à soupe à la fois. Cuire environ 1 min, retourner et cuire de l'autre côté 1 min de plus. Les beignets doivent être dorés. Égoutter sur du papier essuie-tout et servir immédiatement ou garder au chaud dans le four allumé à température minimale.

Beignets bretons

Le secret pour réussir ce dessert est de faire gonfler
les crêpes au moment de les servir.
Succès garanti !

6 pommes
4 c. à soupe de farine
3 œufs
250 ml (1 tasse) de lait
3 c. à soupe de sucre
1 pincée de sel
1 c. à soupe de rhum

- Peler, évider et hacher les pommes, puis les arroser de jus de citron.

- Préparer la pâte à beignets en mêlant bien la farine, les œufs, le lait, le sucre, le sel et le rhum.

- Ajouter à la pâte les pommes hachées et bien mélanger.

- Fondre un peu de beurre, verser la pâte par cuillerée dans la poêle chaude. Dorer des deux côtés. Placer les beignets sur une plaque à pâtisserie antiadhésive, les saupoudrer de sucre, les passer au four à 190 °C (375 °F) pour les faire gonfler. Servir bien chaud.

Beignets de pommes à la cannelle

Si vous avez des enfants qui adorent vous donner un coup de main dans la cuisine, voici une merveilleuse façon de les initier à la pâtisserie. Rien n'est plus satisfaisant que de déguster des beignets que l'on a préparés soi-même.

20 BEIGNETS

450 g (2 ½ tasses) de farine tout usage, tamisée

1 ½ c. à café (1 ½ c. à thé) de levure chimique

1 c. à café (1 c. à thé) de bicarbonate de soude

½ c. à café (½ c. à thé) de cannelle moulue

120 g (½ tasse) de sucre

3 c. à soupe de beurre, ramolli

1 œuf

50 ml (¼ tasse) de jus de pomme brut ou ordinaire

50 ml (¼ tasse) de lait

1 c. à soupe d'extrait de vanille

1 pomme moyenne (McIntosh, Golden Delicious, Empire)

500 ml à 1 litre (2 à 4 tasses) d'huile végétale pour grande friture

- Dans un grand bol, mélanger la farine, la levure chimique, le bicarbonate de soude et la cannelle. Faire un creux au centre.

- Dans un petit bol, mélanger le sucre et le beurre. Incorporer l'œuf en battant.

- Verser le jus de pomme, le lait et la vanille. Bien battre. Verser au centre des ingrédients secs et remuer jusqu'à consistance onctueuse.

- Peler, évider et hacher finement la pomme, puis l'ajouter à la pâte.

- Couvrir la pâte et la laisser refroidir 1 h.

- Mettre la moitié de la pâte sur une planche farinée. Pétrir légèrement et rouler à 1 cm (3/8 po) d'épaisseur. Couper avec un emporte-pièce à beignets fariné de 6,25 cm (2 ½ po).

- Chauffer l'huile à 190 °C (375 °F) dans un wok ou un poêlon. Frire les beignets 1 ou 2 min de chaque côté, jusqu'à ce qu'ils soient dorés. Ne pas en faire frire un trop grand nombre à la fois. Égoutter sur du papier essuie-tout.

VARIANTE : On peut saupoudrer les beignets pendant qu'ils sont encore chauds. Tamiser 180 g (1 tasse) de sucre glace avec 1 c. à soupe de cannelle moulue et saupoudrer sur les beignets.

42

Scones aux pommes et au babeurre

On peut trouver plusieurs variétés de scones dans le commerce. Mais rien n'est plus simple que de les faire chez soi. Ma mère en faisait quelques fois par semaine pour la famille et les visiteurs. Variez les saveurs en ajoutant du zeste d'orange ou de citron ou du gingembre confit. Et pourquoi ne pas ajouter 60 g (½ tasse) de noix ou de raisins secs à la recette qui n'en sera que plus appétissante.

8 SCONES

135 g (¾ tasse) de farine tout usage
1 c. à café (1 c. à thé) de levure chimique
½ c. à café (½ c. à thé) de bicarbonate de soude
½ c. à café (½ c. à thé) de cannelle moulue
½ c. à café (½ c. à thé) de muscade moulue
110 g (¾ tasse) de farine de blé entier
60 g (¼ tasse) de sucre
4 c. à soupe de beurre
1 œuf
60 g (¼ tasse) de yogourt nature ou de babeurre
1 grosse pomme (McIntosh, Golden Delicious)

- Tamiser la farine tout usage, la levure chimique, le bicarbonate de soude, la cannelle et la muscade dans un grand bol. Ajouter la farine de blé entier et le sucre et remuer.

- Couper le beurre dans les ingrédients secs avec un mélangeur à pâtisserie, jusqu'à l'obtention de grosses miettes. Faire un creux au centre.

- Battre l'œuf et le yogourt ensemble dans un petit bol.

- Peler, évider et hacher finement la pomme, puis l'ajouter au yogourt.

- Verser la préparation au yogourt au centre des ingrédients secs et, à l'aide d'une fourchette, remuer pour obtenir une pâte légère.

- Sur une surface de travail farinée, façonner la pâte en forme de boule de 12 mm (½ po) d'épaisseur. Couper la boule en 8 triangles.

- Chauffer un poêlon à fond épais à feu moyen-doux et le saupoudrer légèrement avec de la farine. Cuire les triangles 5 min, jusqu'à ce que le fond soit doré. Retourner et cuire 4 min de plus.

- Servir les scones chauds. Les ouvrir et les beurrer avant de les déguster.

43

Coffee cake aux pommes

Accueillez vos invités avec ce délicieux coffee cake. Vous pouvez l'arroser avec la Glace aux pommes de la p. 139.

15 À 20 PORTIONS

3 pommes moyennes (Golden Delicious, Gala, Braeburn, Empire)
Jus d'un demi-citron
1 c. à soupe + 1 c. à café (1 c. à soupe + 1 c. à thé) de cannelle moulue
480 g (2 tasses) de sucre blanc
240 g (1 tasse) de beurre, ramolli
4 œufs
250 ml (1 tasse) de crème sure
1 c. à soupe d'extrait de vanille
450 g (2 ½ tasses) de farine tout usage, tamisée
1 c. à café (1 c. à thé) de levure chimique
1 c. à café (1 c. à thé) de bicarbonate de soude
120 g (½ tasse) de cassonade
120 g (1 tasse) de pacanes, hachées

- Préchauffer le four à 180 °C (350 °F). Beurrer et fariner un moule à cheminée de 25 cm (10 po).

- Peler, évider et hacher les pommes en petits morceaux. Mettre les pommes dans un grand bol et les remuer avec le jus de citron et 1 c. à café (1 c. à thé) de cannelle.

- Dans un grand bol, mélanger le beurre et le sucre jusqu'à consistance légère. Incorporer les œufs, la crème sure et la vanille.

- Tamiser ensemble la farine, la levure chimique et le bicarbonate de soude, puis les incorporer au mélange précédent.

- Incorporer les pommes. Verser la moitié de cette pâte dans le moule à cheminée.

- Dans un petit bol, mélanger la cannelle restante, la cassonade et les pacanes. Saupoudrer sur le dessus de la préparation aux pommes. Verser le reste de la pâte et égaliser le dessus.

- Cuire au four 1 h 20 min ou jusqu'à ce qu'une brochette insérée au centre ressorte propre. Laisser refroidir dans le moule 10 min, puis renverser sur une grille métallique. Laisser refroidir complètement avant de le découper.

Pain aux pommes et aux bananes

Les bananes et les pommes ajoutent une touche moelleuse aux cakes et aux gâteaux. Je vous propose ici le goût traditionnel de la banane, mais vous pouvez le rehausser en ajoutant ¹/₂ c. à café (à thé) de cannelle et la même quantité de gingembre moulu à la recette.

DONNE DE 12 À 16 TRANCHES

315 g (1 ³/₄ tasse) de farine tout usage, tamisée

2 c. à café (2 c. à thé) de levure chimique

¹/₂ c. à café (¹/₂ c. à thé) de bicarbonate de soude

2 ou 3 bananes mûres, en purée (pour obtenir 1 tasse)

120 g (¹/₂ tasse) de cassonade

75 ml (¹/₃ tasse) d'huile végétale

2 œufs

1 pomme moyenne (Honeycrisp, Gala, Golden Delicious, Braeburn)

- Préchauffer le four à 180 °C (350 °F). Beurrer et fariner un moule à pain de 20 x 10 cm (8 x 4 po).

- Dans un grand bol, mélanger la farine, la levure chimique et le bicarbonate de soude. Faire un creux au centre.

- Mettre les bananes dans un bol moyen. Incorporer la cassonade, l'huile et les œufs. Verser au centre des ingrédients secs et bien remuer.

- Peler et évider la pomme, puis la couper en dés. Incorporer à la pâte. Verser dans le moule à pain.

- Cuire au four environ 1 h ou jusqu'à ce qu'une brochette insérée au centre ressorte propre. Laisser refroidir dans le moule 10 min, puis renverser sur une grille métallique. Laisser refroidir complètement avant de le découper.

Pain aux pommes

Ce pain est à son meilleur servi tiède
avec une tasse de thé, par temps gris…

120 g (½ tasse) de beurre
180 g (¾ tasse) de cassonade
2 œufs battus
360 g (2 tasses) de farine
2 c. à café (2 c. à thé) de levure chimique
1 c. à café (1 c. à thé) de cannelle
½ c. à café (½ c. à thé) de muscade
1 pincée de sel
400 ml (2 tasses) de pommes pelées,
 évidées et coupées en dés
1 c. à soupe de jus de citron pour les
 pommes
135 g (¾ tasse) de raisins secs
60 g (½ tasse) de noix, hachées
125 ml (½ tasse) de lait sur
Sucre glace

- Défaire le beurre en crème et le battre avec la cassonade ; ajouter les œufs battus et continuer de battre pour bien fondre la cassonade.

- Tamiser ensemble les ingrédients secs ; leur ajouter les fruits coupés et les noix. Bien mêler. Ajouter ce mélange en trois fois, au premier mélange, en alternant avec le lait.

- Verser cette pâte dans un moule beurré de 22 x 14 x 6 cm (9 x 5 ½ x 2 ½ po) et laisser reposer 5 min.

- Cuire au centre du four à 180 °C (350 °F) environ 1 h.

- Démouler le pain sur un treillis ; le retourner et le laisser tiédir. Saupoudrer le dessus de sucre glace. Servir tiède.

46

Pain de blé entier aux noix

Ce pain contient tellement de bons ingrédients que même si vous n'en mangez qu'une seule tranche vous aurez l'impression d'avoir fait quelque chose de bon pour votre santé. Dégustez-le au petit-déjeuner, à l'heure du lunch ou comme goûter. Pour le repas du soir, remplacez le piment de la Jamaïque par un mélange de fines herbes telles que le basilic, le thym et l'origan.

DONNE DE 12 À 15 TRANCHES

300 g (2 tasses) de farine de blé entier
15 g (¼ tasse) de flocons de son
15 g (¼ tasse) de germe de blé
2 c. à café (2 c. à thé) de piment de la Jamaïque moulu
2 c. à café (2 c. à thé) de levure chimique
1 c. à café (1 c. à thé) de bicarbonate de soude
¼ c. à café (¼ c. à thé) de clou de girofle moulu
125 ml (½ tasse) de jus de pomme brut ou ordinaire
90 g (½ tasse) de compote de pommes
125 g (½ tasse) de yogourt nature ou à la vanille
125 g (⅓ tasse) de miel
75 ml (⅓ tasse) d'huile végétale
2 œufs
120 g (1 tasse) de noix, hachées

- Préchauffer le four à 180 °C (350 °F). Beurrer et fariner un moule à pain de 22 x 13 cm (9 x 5 po).

- Dans un grand bol, mélanger la farine, le son, le germe de blé, le piment de la Jamaïque, la levure chimique, le bicarbonate de soude et le clou de girofle. Faire un creux au centre.

- Dans un petit bol, mélanger ensemble le jus de pomme, la compote de pommes, le yogourt, le miel, l'huile et les œufs. Bien battre et verser au centre des ingrédients secs. Remuer juste assez pour mélanger tous les ingrédients, sans exagération.

- Incorporer les noix et verser le tout dans le moule.

- Cuire au four de 50 à 55 min ou jusqu'à ce qu'une brochette insérée au centre ressorte propre. Laisser refroidir dans le moule 10 min, puis renverser sur une grille métallique. Laisser refroidir complètement avant de le découper.

47

Pommes surprise

Votre menu vous semble léger ?
Servez ce dessert, on vous demandera la recette.

4 PORTIONS

8 tranches de pain aux raisins
1 à 2 c. à soupe de beurre doux, ramolli
4 c. à soupe de confiture d'abricots ou
   de gelée de pommes
4 pommes fermes, pelées et coupées
   en fines tranches
Jus de citron
1 c. à café (1 c. à thé) de cannelle ou
   de muscade

- Beurrer les tranches de pain.

- Déposer 4 tranches sur des feuilles d'aluminium, côté beurré sur le papier.

- Badigeonner le pain de confiture ou de gelée.

- Placer une rangée de tranches de pommes arrosées de jus de citron sur chaque tranche de pain, saupoudrer avec l'épice.

- Couvrir avec la deuxième tranche de pain, côté beurré vers l'extérieur.

- Refermer soigneusement chaque paquet sans serrer, comme une papillote.

- Déposer sur une plaque à pâtisserie et cuire 15 min sous le gril à 10 cm (4 po) de la chaleur.

- Retourner à mi-cuisson. Servir avec de la crème fraîche ou du yogourt nature.

Muffins à la compote de pommes

Ces muffins sont des dépanneurs : ils sont délicieux réchauffés au petit-déjeuner ou comme dessert au souper.

Délicieux et moelleux !
16-10-2005

12 MUFFINS DE GROSSEUR MOYENNE

2 œufs
60 g (¼ tasse) de cassonade
125 ml (½ tasse) d'huile
180 g (1 tasse) de compote de pommes
315 g (1 ¾ tasse) de farine tout usage
1 c. à soupe de levure chimique
1 c. à café (1 c. à thé) de bicarbonate de soude
1 pincée de sel
½ c. à café (½ c. à thé) de cannelle
½ c. à café (½ c. à thé) de piment de la Jamaïque
½ c. à café (½ c. à thé) de muscade
(90 g (½ tasse) de raisins secs)

- Chauffer le four à 200 °C (400 °F). Battre ensemble les 4 premiers ingrédients dans un petit bol. Tamiser tous les ingrédients secs dans un grand bol, leur incorporer les raisins secs.

- Verser au centre des ingrédients secs le mélange humide, mêler délicatement pour humecter la pâte, éviter de trop brasser. Déposer la pâte dans les moules à muffins graissés et légèrement farinés.

- Cuire 20 min au centre du four. Démouler, refroidir sur une grille. Ces muffins se congèlent bien.

49

Muffins à la semoule de maïs, aux pommes et au cheddar

*J'utilise parfois un mélange de fromages râpés dont le munster et le cheddar.
Je ne mets pas de mozzarella ni de fromage suisse à cause de leur texture. Au fil des ans,
j'ai commencé à remplacer certains fromages de lait de vache par des fromages
plus maigres à base de lait de riz ou de soja enrichis de calcium et de vitamines.*

DONNE DE 12 À 18 MUFFINS

270 g (1 ½ tasse) de farine tout usage, tamisée

115 g (¾ tasse) de semoule de maïs jaune

2 c. à café (2 c. à thé) de levure chimique

1 c. à café (1 c. à thé) de bicarbonate de soude

½ c. à café (½ c. à thé) de cannelle moulue

½ c. à café (½ c. à thé) de muscade moulue

175 ml (¾ tasse) de lait (écrémé, de soja ou de riz)

50 ml (¼ tasse) de jus de pomme brut ou ordinaire

125 g (⅓ tasse) de miel

75 ml (⅓ tasse) d'huile végétale

2 œufs

90 g (¾ tasse) de cheddar, râpé

1 pomme moyenne (Granny Smith, Braeburn, Empire)

- Préchauffer le four à 200 °C (400 °F). Beurrer 12 grands moules à muffins ou 18 petits.

- Dans un grand bol, tamiser ensemble la farine, la semoule de maïs, la levure chimique, le bicarbonate de soude, la cannelle et la muscade.

- Dans un petit bol, mélanger ensemble le lait et le jus de pomme.

- Incorporer le miel, l'huile et les œufs au mélange précédent.

- Faire un creux au centre des ingrédients secs et y verser les ingrédients liquides et le cheddar. Remuer à peine pour mélanger les ingrédients.

- Peler et évider la pomme, puis la couper en dés. Mélanger aux autres ingrédients pour obtenir une pâte grumeleuse et non homogène.

- Remplir les moules aux deux tiers. Cuire au four 25 min ou jusqu'à ce qu'une brochette insérée au centre d'un muffin ressorte propre. Retirer les muffins des moules immédiatement et laisser refroidir sur une grille métallique ou les servir chauds.

50

Tartinade au fromage à la crème et au miel

Rien de plus simple, mais cette recette fera toute la différence sur la table du petit-déjeuner.

DONNE 250 ML (1 TASSE)

240 g (8 oz) de fromage à la crème,
   ramolli
2 à 4 c. à soupe de miel
1 c. à café (1 c. à thé) de zeste d'orange
   ou de citron, râpé

- Mélanger tous les ingrédients en les battant vigoureusement.
- Utiliser pour tartiner muffins, gâteaux secs, etc.

Tartinade au fromage à la crème à l'abricot

Préparez cette recette avec n'importe quelle confiture à consistance épaisse.

DONNE 300 ML (1 ¼ TASSE)

240 g (8 oz) de fromage à la crème,
   ramolli
70 g (¼ tasse) de confiture d'abricots

- Mélanger les deux ingrédients en les battant vigoureusement.
- Utiliser pour tartiner des tranches de pain ou comme glaçage sucré.

Tartinade aux dattes et aux pommes

Une tartinade naturellement sucrée et délicieuse.

DONNE 425 ML (1 ¾ TASSE)

180 g (1 tasse) de dattes, dénoyautées et
   finement hachées
125 ml (½ tasse) de jus de pomme brut ou
   ordinaire
240 g (8 oz) de fromage à la crème,
   ramolli

- Dans une petite casserole, laisser mijoter les dattes dans le jus de pomme environ 5 min, sans cesser de remuer, jusqu'à épaississement.
- Battre le fromage à la crème jusqu'à ce qu'il devienne duveteux.
- Battre le mélange aux dattes refroidi dans le fromage.
- Laisser refroidir et tartiner sur des tranches de pain.

Boissons et goûters
aux pommes

Une pomme par jour éloigne le médecin pour toujours. On ne saurait mieux dire. On contribue certainement à améliorer sa santé quand on boit un jus de pomme brut ou ordinaire ou quand on croque dans une belle pomme juteuse à l'heure du goûter. Si vous voulez des idées un peu plus originales, préparez l'une ou l'autre des recettes de ce chapitre. Remplacez les craquelins, le pain et les croustilles par des tranches de pomme que vous pourrez tartiner à votre goût. Tout simplement délicieux et rafraîchissant !

Thé glacé aux pommes

J'aime les thés verts, surtout ceux qui sont aromatisés au miel, au citron ou à la menthe. Pour faire le thé glacé, je choisis toutefois du thé vert naturel auquel j'ajoute moi-même le miel, le citron et la menthe. L'addition de jus de pomme à ce thé nous rappelle le thé aux pommes que l'on sert chaud ou froid en Turquie.

4 PORTIONS

4 sachets de thé (vert, orange pekoe ou tisane)
1 litre (4 tasses) d'eau bouillante
1 c. à soupe de miel (facultatif)
500 ml (2 tasses) de jus de pomme brut ou ordinaire, refroidi
4 tranches de citron
4 brins de menthe fraîche

- Mettre les sachets de thé dans un pichet résistant à la chaleur et couvrir avec l'eau bouillante.

- Laisser infuser 5 min. Presser délicatement les sachets et les jeter.

- Incorporer le miel, si on le désire, et remuer jusqu'à dissolution.

- Incorporer le jus de pomme. Refroidir ou ajouter quelques glaçons dans chaque verre.

- Verser dans 4 verres longs. Garnir chacun avec une tranche de citron et un brin de menthe.

Jus de pomme congelé

Le jus de pomme brut se congèle facilement. Si vous avez suffisamment de place dans votre congélateur, faites-en une bonne provision pendant l'automne afin de pouvoir vous en régaler jusqu'à la réouverture des vergers.

Lait de poule aux pommes

Pour éviter les problèmes éventuels de salmonelle, évitez d'utiliser des œufs crus pour cette recette. La meilleure manière est d'acheter du substitut d'œuf pasteurisé.

ENVIRON 18 PORTIONS

4 œufs entiers ou ¹/₂ tasse de substitut d'œuf pasteurisé
120 g (¹/₂ tasse) de sucre
250 ml (1 tasse) de brandy
75 ml (¹/₃ tasse) de rhum
500 ml (2 tasses) de jus de pomme brut ou ordinaire
750 ml (3 tasses) de crème épaisse
¹/₂ c. à café (¹/₂ c. à thé) de cannelle moulue

- Mettre les œufs dans un grand bol à punch et battre jusqu'à consistance mousseuse.

- Ajouter le sucre et battre jusqu'à consistance mousseuse.

- Incorporer le brandy et le rhum, peu à la fois, puis le jus de pomme.

- Continuer de battre en ajoutant 250 ml (1 tasse) de crème. Battre quelques minutes, jusqu'à début d'épaississement.

- Dans un bol moyen, battre la crème restante jusqu'à ce que la crème se tienne bien. Verser dans le bol à punch.

- Saupoudrer de muscade et servir immédiatement.

Boisson de Noël

Cette boisson traditionnelle du Moyen Âge est toujours servie dans le temps des fêtes dans certains foyers de l'Angleterre. On la sert parfois avec une cuiller qui permettra de manger la pomme cuite qui rehausse son goût.

4 PORTIONS

4 grosses pommes (McIntosh)
60 g + 2 c. à soupe ($\frac{1}{4}$ tasse
  + 2 c. à soupe) de cassonade
50 ml ($\frac{1}{4}$ tasse) de jus de pomme brut
  ou ordinaire
1 litre (4 tasses) de bière
250 ml (1 tasse) de xérès
1 bâtonnet de cannelle
$\frac{1}{2}$ c. à café ($\frac{1}{2}$ c. à thé) de gingembre
  moulu
$\frac{1}{2}$ c. à café ($\frac{1}{2}$ c. à thé) de muscade
  moulue
Zeste d'un citron

- Préchauffer le four à 180 °C (350 °F).

- Fendre la pelure des pommes horizontalement jusqu'à moitié. Mettre les pommes dans un plat de cuisson beurré, saupoudrer avec 60 g ($\frac{1}{4}$ tasse) de cassonade et le jus de pomme. Cuire au four environ 40 min en les arrosant souvent. Quand les pommes sont tendres, les retirer du four.

- Verser la bière et le xérès dans une casserole. Ajouter 2 c. à soupe de cassonade, la cannelle, le gingembre, la muscade et le zeste de citron. Laisser mijoter 5 min. Ajouter les pommes cuites, bien remuer et servir chaud.

Sandwiches aux pommes

Oubliez le pain, les craquelins et les biscuits et remplacez-les par des tranches de pomme. Tartinez-les avec du fromage, de la viande, de la purée et toute une variété d'ingrédients qui se servent facilement comme hors-d'œuvre. Ces sandwiches santé sont toujours appréciés par les enfants ainsi que par les adultes qui sont conscients de l'importance d'une bonne alimentation. Vous trouverez quelques suggestions de recettes à la page suivante.

Lavez et évidez les pommes et coupez-les en tranches de 6 à 12 mm ($\frac{1}{4}$ à $\frac{1}{2}$ po). Utilisez des pommes qui ne brunissent pas facilement. Arrosez-les de jus de citron ou jetez-les dans un bol d'eau froide contenant 2 c. à soupe de jus de citron. Épongez-les soigneusement avec du papier essuie-tout avant de les utiliser.

Boisson fouettée aux pommes

*Préparez cette recette avec du yogourt et vous obtiendrez
un petit-déjeuner santé succulent. Je remplace parfois une des bananes
par 90 g (¹/₂ tasse) de compote de pommes.*

4 PORTIONS

1 litre (4 tasses) de jus de pomme brut
  ou ordinaire, froid
500 ml (2 tasses) de crème glacée à
  la vanille
3 bananes mûres
1 c. à café (1 c. à thé) de cannelle moulue

- Dans le mélangeur, mélanger tous les ingrédients ensemble jusqu'à consistance onctueuse.

- Servir immédiatement ou garder au froid jusqu'au moment de servir.

Smoothie aux pommes

*Si vous souhaitez obtenir une boisson très rafraîchissante pour les chaudes journées d'été,
mettez la compote de pommes dans le congélateur de 15 à 30 minutes avant
de mélanger les ingrédients.*

2 PORTIONS

360 g (2 tasses) de compote de pommes
250 ml (1 tasse) de jus de pomme brut
  ou ordinaire
250 ml (1 tasse) de jus d'orange
2 c. à soupe de miel
¹/₂ c. à café (¹/₂ c. à thé) de cannelle
  moulue
¹/₂ c. à café (¹/₂ c. à thé) de muscade
  moulue

- Dans le mélangeur, mélanger tous les ingrédients ensemble jusqu'à consistance onctueuse.

- Servir immédiatement ou garder au froid jusqu'au moment de servir. Ajouter de la cannelle si on le désire.

Boisson glacée aux fruits

Pourquoi perdre votre temps à peler une pomme ou à presser une orange?
Remplacez-les par 90 g ('/2 tasse) de compote de pommes
et 125 ml ('/2 tasse) de jus d'orange.

4 À 6 PORTIONS

120 g ('/2 tasse) de sucre
125 ml ('/2 tasse) d'eau
1 bâton de cannelle
4 clous de girofle entiers
1 orange
125 g (1 tasse) de fraises entières
 ou de boules de melon
125 g (1 tasse) de raisins sans pépins
1 grosse pomme (Red Delicious, McIntosh)
1 lime
1 litre (4 tasses) de jus de pomme brut
 ou ordinaire, refroidi
1 bouteille de 210 ml (7 oz) de club soda,
 refroidi

- Dans une petite casserole, chauffer le sucre et l'eau à feu doux. Remuer environ 1 min, jusqu'à dissolution du sucre.

- Ajouter la cannelle et les clous de girofle.

- Avec un petit couteau bien affûté, enlever le zeste (fine écorce extérieure) de l'orange et l'ajouter au sirop. Retirer la casserole du feu.

- Couper l'orange en deux et la presser dans le sirop.

- Équeuter les fraises et les couper en deux avant de les mettre dans un bol à punch.

- Couper les raisins en deux et les mettre dans le bol.

- Évider la pomme et la couper en fines tranches avant de la mettre dans le bol.

- Couper la lime en fines tranches avant de la mettre dans le bol.

- Égoutter le sirop au-dessus des fruits.

- Verser le jus de pomme et le club soda sur les fruits. Remuer et servir dans des verres.

Punch aux pommes

Les ananas ont été pendant longtemps un symbole d'hospitalité.
Ils se marient parfaitement aux pommes dans ce punch rafraîchissant.

10 PORTIONS

1 petit ananas frais ou 480 g (1 lb)
de tranches ou de morceaux d'ananas
en conserve
2 pommes (Red Delicious)
750 ml (3 tasses) de cidre ou de vin blanc
pétillant
500 ml (2 tasses) de jus de pomme
250 ml (1 tasse) de jus d'ananas
125 ml (½ tasse) de brandy, d'applejack
ou de vodka

- Couper l'ananas en rondelles de 12 mm (½ po). L'évider, enlever l'écorce et les yeux. Hacher grossièrement et mettre dans une grande casserole. Si on utilise des ananas en conserve, les égoutter et réserver 250 ml (1 tasse) du jus pour l'étape suivante.

- Évider les pommes et les couper en tranches de 6 mm (¼ po). Mettre dans la casserole avec le cidre, le jus de pomme et le jus d'ananas.

- Chauffer de 5 à 10 min, jusqu'à formation de vapeur.

- Retirer la casserole du feu et incorporer le brandy.

- Laisser refroidir légèrement et verser dans un bol à punch ou un pichet. Servir chaud ou froid, avec ou sans les fruits.

Garniture pour rondelles de pomme

Choisissez parmi les ingrédients suivants pour couvrir des tranches de pommes.
Délicieux à l'heure du goûter ou du lunch ou encore comme hors-d'œuvre.

Beurre d'arachide et tranches de banane	Fromage à la crème et chutney
Beurre d'arachide et raisins secs	Fromage à la crème, tranches d'oignon et saumon fumé (ou sardines)
Beurre d'arachide et compote de pommes	Fromage à la crème, cannelle et miel
Beurre d'arachide et bacon émietté	Fromage à la crème, dés de jambon, cari et chutney
Beurre d'arachide et noix hachées	Fromage bleu émietté

Tartinade aux pommes et au fromage

*Je préfère le fromage à la crème à faible teneur en matières grasses
parce que son goût n'est pas tellement différent de celui
du fromage à la crème régulier dans cette recette.
J'utilise toutefois du vrai cheddar.*

DONNE 625 ML (2 ½ TASSES)

240 g (8 oz) de fromage à la crème,
 ramolli
120 g (1 tasse) de cheddar râpé,
 à la température ambiante
2 c. à soupe de brandy ou de xérès
1 pomme acidulée moyenne (Granny
 Smith)
1 c. à café (1 c. à thé) de basilic séché
1 c. à café (1 c. à thé) d'origan séché
1 c. à café (1 c. à thé) de thym séché
¼ c. à café (¼ c. à thé) de poivre noir
 fraîchement moulu

- Mélanger le fromage à la crème, le cheddar et le brandy dans un bol. Battre jusqu'à consistance onctueuse.

- Peler, évider et râper la pomme. L'ajouter au fromage.

- Ajouter les fines herbes et le poivre. Bien remuer.

- Verser le mélange dans un plat en faïence. Couvrir et laisser reposer environ 1 h. Servir sur des pointes de pain grillé ou des craquelins.

VARIANTES ALLÉGÉES : Dans toutes les recettes de ce livre, on peut remplacer le fromage à la crème régulier par du fromage à la crème à faible teneur en matières grasses. On peut aussi utiliser de la mayonnaise, de la crème sure, du yogourt et du lait allégés dans toutes les recettes qui demandent l'un ou l'autre de ces ingrédients. On peut aussi mélanger les ingrédients. Par exemple, moitié lait entier moitié lait écrémé, etc.

Fruits chauds

Recommandés quand il fait froid à l'heure du petit-déjeuner ou du goûter.
Le pamplemousse ajoute une saveur agréable à cette recette.
Servez les fruits chauds tels quels ou sur du pain ou du gâteau sec.
Je les aime aussi dans un bol de gruau ou de müesli.

2 PORTIONS

1 gros pamplemousse, pelé et coupé en quartiers (enlever la peau recouvrant chaque quartier) ou 1 boîte de 300 g (10 oz) de quartiers de pamplemousse
1 pomme (Golden Delicious, Empire, Gala, Jonagold)
1 banane
50 ml (¼ tasse) de jus de pomme brut ou ordinaire
2 c. à soupe de raisins secs
1 c. à soupe de miel

- Mettre les quartiers de pamplemousse dans une casserole moyenne. (Si on utilise des quartiers en conserve, réserver le jus pour un autre usage.)

- Évider et hacher la pomme, puis l'ajouter au pamplemousse.

- Peler la banane et la couper en tranches de 12 mm (½ po). Mélanger avec les autres fruits.

- Ajouter le jus de pomme, les raisins secs et le miel dans la casserole et chauffer environ 10 min à feu doux. La préparation doit être chaude et non brûlante. Servir dans des bols.

Baluchons à la saucisse et aux pommes

Voici l'adaptation que ma mère a faite d'une recette indonésienne qui requiert l'utilisation de foies de poulet. Je préfère la texture et le goût de la saucisse. Les pommes ajoutent beaucoup de saveur et de croquant à ce plat.

DONNE ENVIRON 24 MORCEAUX
(6 PORTIONS)

MARINADE

125 ml (½ tasse) de jus de pomme brut ou ordinaire

2 c. à soupe de beurre d'arachide crémeux

2 c. à soupe de sauce soja

½ c. à café (½ c. à thé) de cannelle moulue

½ c. à café (½ c. à thé) de gingembre moulu

BALUCHONS

4 saucisses de 15 cm (6 po) de longueur environ

2 pommes moyennes (McIntosh, Golden Delicious)

240 g (8 oz) de bacon

- Préparer la marinade en mélangeant ensemble le jus de pomme, le beurre d'arachide, la sauce soja, la cannelle et le gingembre jusqu'à consistance onctueuse. Verser dans un bol moyen.

- Pour préparer les baluchons à la saucisse, couper les saucisses en morceaux de 2,5 cm (1 po). Ajouter la marinade, couvrir et laisser mariner dans le réfrigérateur pendant environ 4 h.

- Évider les pommes et les couper pour obtenir le même nombre de morceaux de pommes que de morceaux de saucisse. (Les tranches ne doivent pas être trop minces.)

- Égoutter les morceaux de saucisse et réserver la marinade.

- Couper les tranches de bacon en deux en diagonale. Préparer les baluchons en enveloppant un morceau de pomme et un morceau de saucisse dans une tranche de bacon. Faire tenir à l'aide d'un cure-dent de bois. Mettre les baluchons dans le bol et bien les enduire de marinade.

- Poser les baluchons sur la grille d'une rôtissoire et griller à 10 cm (4 po) de la source de chaleur. Griller environ 3 min de chaque côté en les surveillant soigneusement. Les retourner jusqu'à ce que le bacon soit cuit et croustillant.

63

Yogourt aux pommes et aux raisins secs

Idéal pour le goûter, le petit-déjeuner ou le dessert.

1 OU 2 PORTIONS

1 petite pomme sucrée (Macoun,
McIntosh, Gala, Honeycrisp)
250 g (1 tasse) de yogourt (nature,
vanille ou citron)
15 g (¼ tasse) de granola
2 c. à soupe de raisins secs

- Évider la pomme et la râper dans un petit bol.

- Ajouter le yogourt, les céréales et les raisins secs. Bien remuer. Refroidir si on le désire.

64

Dégustation de vins, fromages... et pommes

Vous pouvez inviter des amis à la dernière minute sans que vous ayez à vous préparer des jours à l'avance. L'une des meilleures solutions est d'organiser une dégustation de vins, fromages… et pommes. Accompagnez-les de bons vins, de pains, de biscuits et de craquelins variés.

Allez au marché ou dans un grand supermarché et achetez plusieurs variétés de pommes fraîches et fermes. Choisissez ensuite les vins et les fromages. Identifiez chacune des variétés et présentez-les dans des paniers contenant également les fromages et les vins qui les accompagneront le mieux. Voici une liste de pommes, de vins et de fromages qui vous permettront d'épater vos invités.

- Golden Delicious ou York. Servir avec edam, cheddar doux, camembert et brie. Vins rouges du Médoc ou du Beaujolais.

- Jonathan ou Braeburn. Servir avec cheddar écossais, gruyère et provolone. Vins rouges : Bardolino et Valpolicella ; vins blancs : Orvieto et Vouvray.

- Empire ou Gala. Servir avec munster, fontina, bel paese. Vins blancs de Soave et vins rosés.

- Macoun ou Honeycrisp. Servir avec caprice des dieux et boursault. Vins rouges de Côte de Beaune et vins blancs de Moselle, de Graves et de Pouilly.

Quartiers de pomme au prosciutto

Servez cette recette comme hors-d'œuvre ou comme entrée.
Comptez 2 ou 3 quartiers par convive selon l'usage que vous en faites.

DONNE 32 QUARTIERS

4 pommes moyennes (Red Delicious, Cortland, Empire, Ida Red)
50 ml (¼ tasse) de jus de citron
120 g (4 oz) de fromage à la crème, ramolli
240 g (8 oz) de prosciutto ou de saumon fumé

- Couper chaque pomme en 8 quartiers.

- Badigeonner la face coupée des pommes avec du jus de citron.

- Étendre une fine couche de fromage à la crème sur la face coupée des pommes.

- Envelopper chaque quartier de pomme avec une tranche de prosciutto. Servir immédiatement ou garder dans le réfrigérateur. Sortir du réfrigérateur 30 min avant de servir.

Salades et mets d'accompagnement
aux pommes

La chair croquante, acidulée, sucrée et fraîche des pommes peut être coupée en dés ou en tranches, râpée et servie avec presque n'importe quelle salade. Son goût convient aux vinaigrettes aigres-douces, crémeuses, épicées ou aromatisées à l'ail ou aux fines herbes. Si vous êtes à court de laitue, de carottes, de betteraves, de céleri ou de n'importe quel autre ingrédient au moment de préparer une salade, ajoutez simplement une pomme coupée en tranches dans votre saladier. Mariez aussi ce fruit unique avec divers mets d'accompagnement. Des pommes avec des pommes de terre, des navets, des carottes ou des panais en purée? Un délice !

Salade de pommes et de parmesan

*J'essaie toujours d'utiliser les plus belles laitues tendres de mon potager
pour cette recette. Je cultive aussi la roquette et les épinards, mais si je n'en ai pas
sous la main, j'achète un mesclun de bonne qualité au marché.*

4 PORTIONS

125 ml ($\frac{1}{2}$ tasse) d'huile d'olive
2 c. à soupe de vinaigre de riz ou
   de vinaigre balsamique
Jus d'un demi-citron ou d'une demi-lime
1 à 2 c. à café (1 à 2 c. à thé) de
   moutarde de Dijon
1 gousse d'ail, broyée
$\frac{1}{4}$ c. à café ($\frac{1}{4}$ c. à thé) de poivre moulu
Sel
480 g (1 lb) de laitues tendres ou
   1 paquet d'épinards tendres ou
   de mesclun
2 pommes moyennes (Fuji, Gala, Golden
   Delicious, Ginger Gold)
60 g ($\frac{1}{2}$ tasse) de pignons, grillés
120 g (4 oz) de parmesan, en copeaux

- Dans un bocal à fermeture hermétique, mélanger ensemble l'huile, le vinaigre, le jus, la moutarde, l'ail, le poivre et le sel. Bien remuer.

- Si on utilise une tête de laitue, laver et éponger les feuilles avant de les déchirer en morceaux de la grosseur d'une bouchée. Mettre la laitue dans un grand saladier.

- Évider les pommes, les couper en deux, puis en tranches avant de les ajouter à la laitue.

- Remuer la vinaigrette et en verser 1 $\frac{1}{2}$ c. à soupe dans le bol. (Servir le reste dans un bol pour que chaque convive se serve à son goût.) Touiller la salade, couvrir de pignons et de copeaux et servir.

VARIANTE : On peut remplacer le parmesan par de la feta ou du fromage bleu.

Salade de pommes et d'épinards

*Il faut toujours bien laver les épinards avant de les utiliser en salade.
Il n'y a rien de plus désagréable que de croquer dans des feuilles
qui n'ont pas été débarrassées complètement de leur sable. Les épinards frais cultivés
chez soi ne requièrent pas un lavage aussi long que ceux qu'on achète à l'épicerie.*

4 PORTIONS

240 g (4 tasses) de feuilles d'épinards
   frais
1 petite laitue Boston ou Bibb
2 pommes moyennes (Cortland, Granny
   Smith, Golden Delicious, Braeburn)
120 g ($^{1}/_{4}$ tasse) de noix, hachées
125 g ($^{1}/_{2}$ tasse) de yogourt nature
1 c. à soupe de miel
1 pincée de coriandre moulue
1 pincée de gingembre moulu
1 pincée de curcuma moulu

- Mettre les épinards et la laitue dans un saladier.

- Évider les pommes et les couper en tranches avant de les ajouter à la laitue. Ajouter les noix et remuer.

- Dans un petit bol, mélanger le yogourt, le miel, la coriandre, le gingembre et le curcuma. Verser sur la salade et remuer. Servir immédiatement.

Salade hivernale

J'ai souvent apporté cette salade au travail pour le lunch ;
toujours un délice avec du pain brun et un morceau de cheddar.

6 PORTIONS

6 pommes McIntosh, Empire ou Cortland
Jus d'un demi-citron
120 g (²/₃ tasse) de raisins secs
2 branches de céleri, avec les feuilles
3 c. à soupe de persil frais ou
   de coriandre fraîche, haché
90 g (³/₄ tasse) de noix de Grenoble
175 ml (³/₄ tasse) de mayonnaise
125 g (¹/₂ tasse) de yogourt nature ou
   aux pommes
Sel et poivre, au goût
6 cerneaux de noix
Feuilles d'épinards et de laitue Boston
Sel et poivre

- Laver les pommes, les évider, les couper en petits dés et les arroser avec le jus d'un demi-citron, les déposer dans un saladier avec les raisins.

- Couper le céleri finement, hacher le persil et les noix. Mêler le tout aux pommes, saler et poivrer, conserver au frais.

- Battre la mayonnaise avec le yogourt, assaisonner et verser cette sauce sur la salade au moment de la servir. Décorer avec des cerneaux de noix et présenter sur des feuilles de laitue boston et d'épinards.

Salade fraîcheur

*Cette salade porte bien son nom. Je la sers avec des viandes froides
à l'heure du lunch ou pour un souper léger.*

6 PORTIONS

4 pommes fermes (Lobo)
I avocat
2 endives
Le jus d'un gros citron
I botte de cresson
90 g ($^3/_4$ tasse) de noix mélangées

VINAIGRETTE
2 c. à soupe de vinaigre de vin
6 à 8 c. à soupe d'huile d'olive
$^1/_2$ c. à café ($^1/_2$ c. à thé) de sel
Poivre noir frais moulu
$^1/_2$ c. à café ($^1/_2$ c. à thé) de sucre
$^1/_2$ c. à café ($^1/_2$ c. à thé) de moutarde
  de Dijon
Quelques feuilles d'estragon

- Nettoyer le cresson, le laver, l'assécher et le garder au froid. Laver les pommes, les évider, et les couper en lamelles très minces.

- Couper l'avocat en deux, retirer le noyau, le peler et le couper en fines tranches.

- Détacher les feuilles des endives, les couper grossièrement.

- Mêler les légumes coupés, sauf le cresson, et les arroser de jus de citron, bien les enrober pour éviter le noircissement.

- Préparer la vinaigrette.

- Au moment de servir la salade, égoutter les légumes, conserver le jus de citron.

- Déposer les légumes dans un bol à salade, ajouter le cresson et les noix, arroser de vinaigrette, mêler délicatement, goûter.

- Ajouter, si on le désire, du jus de citron, des feuilles d'estragon. Servir immédiatement.

72

Salade Waldorf

Cette recette traditionnelle de salade aux pommes a vu le jour à l'hôtel Waldorf-Astoria de New York au début du XXᵉ siècle. La recette de base se prête à plusieurs variantes. Ajoutez-y des cubes de viande cuite, de poisson grillé, de mozzarella fraîche ou de tofu mariné pour composer un lunch satisfaisant.

4 PORTIONS

3 pommes moyennes (Jonagold, Cortland, Braeburn, Empire)
3 tiges de céleri, en dés
60 g (½ tasse) de noix, hachées
175 ml (¾ tasse) de crème épaisse ou à fouetter
2 c. à soupe de jus de citron
½ c. à café (½ c. à thé) de poivre blanc moulu
8 feuilles de menthe ou 2 c. à soupe de persil frais, haché
1 laitue Boston

- Refroidir un bol moyen pour battre la crème.

- Évider les pommes et les couper en dés. Les mettre dans un grand bol.

- Ajouter le céleri et les noix aux pommes.

- Battre la crème, le jus de citron et le poivre dans le bol refroidi.

- Quand la crème est épaisse et forme des pics mous, l'incorporer aux pommes.

- Déchirer les feuilles de menthe en petits morceaux et en décorer la salade.

- Servir sur des feuilles de laitue.

73

Vive la blancheur !

Pour empêcher les pommes de s'oxyder, les arroser avec de la vinaigrette, du jus de citron ou du sirop. Certaines variétés de pommes ont une chair blanche qui s'oxyde moins rapidement que d'autres.

Salade de pommes farcies

Délicieux comme entrée. Servez cette salade avant le mets principal ou comme lunch léger avec un choix de fromages, des muffins de maïs ou du bon pain de grains entiers.

4 PORTIONS

4 grosses pommes (Cortland, Red Delicious, Mutsu/Crispin, Jonagold, Fuji)

1/2 citron, pressé

2 carottes moyennes, râpées

2 tiges de céleri moyennes, hachées

1 oignon vert, haché (partie verte incluse)

50 ml (1/4 tasse) de mayonnaise

30 g (1/4 tasse) de noix

2 c. à soupe de crème sure

1/2 c. à café (1/2 c. à thé) de noix, hachées

2 c. à soupe de crème sure

1/2 c. à café (1/2 c. à thé) de muscade moulue

1 pincée de poivre blanc

1 laitue Boston

125 g (1 tasse) de raisins verts sans pépins (facultatif)

- Évider les pommes. Avec un petit couteau bien affûté, les décalotter sur le dessus. Retirer la chair en en laissant de 6 à 12 mm (1/4 à 1/2 po) au fond et sur les côtés. Frotter la partie enlevée avec du citron. Parer la partie inférieure des pommes afin qu'elles puissent tenir solidement debout. Garder dans le réfrigérateur.

- Hacher la chair qui a été retirée et la mettre dans un bol moyen. Touiller avec le jus du demi-citron pressé.

- Ajouter les carottes, le céleri, les oignons verts, la mayonnaise, les noix, la crème sure, la muscade et le poivre. Bien remuer et garder dans le réfrigérateur.

- Tapisser 4 assiettes avec les plus belles feuilles de laitue. Poser les pommes évidées au centre et remplir le creux avec la préparation. Mettre des raisins sur le dessus et tout autour si on le désire. Servir immédiatement.

74

Salade de pommes

Salade recommandée aux gens pressés.
Elle se prépare à l'avance, on la conserve au réfrigérateur
et on la termine à la dernière minute.

6 PORTIONS

720 g (3 tasses) de chou, haché
240 g (1 tasse) de céleri, en fines
   tranches
120 g (½ tasse) de carottes, râpées
600 g (3 tasses) de pommes non pelées,
   en dés *(Cortland)*
Sel et poivre
2 c. à soupe de vinaigrette

- Mélanger les trois premiers ingrédients ; garder dans le réfrigérateur.

- Avant de servir, ajouter les pommes, le sel, le poivre et la vinaigrette et remuer.

Salade normande

La cuisine normande ressemble à la nôtre; elle m'inspire souvent.

4 À 5 PORTIONS

3 cœurs de laitue
2 endives, coupées en tronçons
3 pommes, coupées en lamelles
Sel et poivre, au goût
3 c. à soupe de vinaigre de cidre
120 à 180 g (½ à ¾ tasse) de yogourt
   nature
60 g (½ tasse) de noix hachées
Muscade (facultatif)

- Dans un grand bol à salade, mêler des cœurs de laitue coupés en quartiers, des endives taillées en tronçons et des pommes tranchées en lamelles.

- Assaisonner le tout de sel, poivre, vinaigre de cidre et yogourt nature. Bien mélanger pour humecter le tout. Garnir de noix hachées. Saupoudrer légèrement de muscade, si on le désire. Servir cette salade très fraîche.

Salade de pommes et de pommes de terre

Les pommes fraîches ajoutent du croquant à cette salade de pommes de terre.
Le bacon lui donne quant à lui un caractère doux et fumé remarquable.

4 À 6 PORTIONS

6 pommes de terre moyennes
120 g (4 oz) de bacon
1 oignon moyen
125 ml (½ tasse) d'huile végétale ou
   d'huile d'olive
2 c. à soupe de vinaigre de cidre
1 gousse d'ail, broyée
2 pommes moyennes (Cortland, Granny
   Smith, Jonagold, Fuji)
125 ml (½ tasse) de mayonnaise
1 c. à soupe de moutarde préparée

- Faire bouillir les pommes de terre dans une casserole couverte environ 20 min, jusqu'à ce qu'elles soient tendres sans toutefois se défaire. Les peler pendant qu'elles sont encore chaudes et les couper en tranches de 12 mm (½ po).

- Pendant que les pommes de terre refroidissent, frire le bacon, l'égoutter et le couper en morceaux de 12 mm (½ po).

- Râper l'oignon dans un grand bol.

- Dans un petit bol, battre ensemble l'huile, le vinaigre et l'ail.

- Ajouter les tranches de pommes de terre aux oignons râpés et, pendant que le tout est encore chaud, verser la vinaigrette.

- Évider les pommes et les couper en dés. Ajouter aux pommes de terre. Ajouter ensuite le bacon.

- Mélanger la mayonnaise et la moutarde et verser dans le bol. Bien remuer. Servir chaud ou froid.

Salade de poulet au cari

N'hésitez pas à remplacer le poulet par du tofu ferme.
Achetez du tofu conservé dans l'eau plutôt que du tofu soyeux ferme
ou extra-ferme qui se briserait facilement
en morceaux dans cette recette.

4 À 6 PORTIONS

150 ml (²/₃ tasse) de crème sure
75 ml (¹/₃ tasse) de mayonnaise
1 c. à soupe de miel
1 c. à soupe de jus de lime
1 grosse gousse d'ail, broyée
1 ¹/₂ c. à café (1 ¹/₂ c. à thé) de cari
¹/₂ c. à café (¹/₂ c. à thé) de cumin moulu
¹/₂ c. à café (¹/₂ c. à thé) de gingembre
  moulu
2 pommes (Granny Smith, Northern Spy,
  Winesap, Braeburn)
1,7 kg (4 tasses) de poulet cuit, sans peau
  et désossé, en cubes
2 tiges de céleri, en dés
90 g (¹/₂ tasse) de raisins secs dorés
1 laitue Boston

- Dans un bol moyen, battre ensemble la crème sure, la mayonnaise, le miel et le jus de lime.

- Ajouter l'ail, le cari, le cumin et le gingembre. Bien remuer.

- Évider les pommes et les couper en dés. Ajouter à la mayonnaise avec le poulet, le céleri et les raisins.

- Tapisser une assiette de service avec les feuilles de laitue et servir la salade au centre.

77

Salade de chou et de pommes

Je remplace parfois le chou par des bouquets de brocoli hachés.
J'en profite alors pour hacher les pommes plutôt que de les couper en tranches.

6 PORTIONS

2 carottes moyennes
1 oignon rouge moyen
900 g (4 tasses) de chou rouge, en fines tranches ou en lamelles
2 grosses pommes (Granny Smith, Fuji, Jonagold)
150 ml ($^2/_3$ tasse) de mayonnaise
150 ml ($^2/_3$ tasse) de crème sure
50 ml ($^1/_4$ tasse) de ketchup
1 c. à soupe de jus de citron
$^1/_2$ c. à café ($^1/_2$ c. à thé) de poivre noir fraîchement moulu
1 laitue Boston

- Râper grossièrement les carottes et les oignons dans un grand bol. Ajouter le chou rouge.

- Évider les pommes et les couper en fines tranches. Ajouter au chou.

- Battre la mayonnaise, la crème sure, le ketchup, le jus de citron et le poivre. Mélanger avec les légumes. Garder au moins 1 h dans le réfrigérateur.

- Tapisser un grand bol avec les feuilles de laitue et servir la salade au centre. Servir immédiatement.

Pouvoir antioxydant

Selon les recherches, 100 g de pomme fraîche non pelée (environ les deux tiers d'une pomme de grosseur moyenne) possèdent le même pouvoir antioxydant que 1 500 mg de vitamine C !

Salade de céleri et de betteraves

Cette salade est si colorée qu'elle se mange sans faim;
de plus elle est remplie de vitamines.

400 g (2 tasses) de pommes non pelées,
en tranches

480 g (2 tasses) de céleri tranché mince

60 ml (¼ tasse) de mayonnaise

Sel et poivre

480 g (2 tasses) de betteraves fraîches
cuites ou en conserve, en tranches ou
en dés

2 c. à soupe de vinaigrette

Feuilles de laitue

Persil frais ou coriandre fraîche, haché

• Mélanger les 4 premiers ingrédients ; garder
dans le réfrigérateur. Verser la vinaigrette sur
les betteraves, mariner 1 h.

• Déposer la première préparation sur des feuilles
de laitue et garnir avec les betteraves. Saupoudrer
de persil ou de coriandre haché.

79

Purée de pommes et de patates sucrées

*Mes patates sucrées préférées ont une magnifique chair orangée
qui leur confère meilleur goût que celles qui ont une chair dorée plus pâle.
Cette purée est un mets d'accompagnement savoureux et
elle peut aussi servir de base pour faire une garniture à tarte sucrée.*

6 PORTIONS

2 grosses patates sucrées
2 grosses pommes (Rome Beauty,
  Northern Spy, Winesap)
4 c. à soupe de beurre
50 à 125 ml (¹/₄ à ¹/₂ tasse) de crème
  épaisse ou de crème sure
¹/₂ c. à café (¹/₂ c. à thé) de muscade
¹/₂ c. à café (¹/₄ c. à thé) de gingembre
  moulu

- Préchauffer le four à 180 °C (350 °F).

- Mettre les patates sur une plaque à pâtisserie graissée et cuire au four environ 1 ¹/₂ h, jusqu'à ce qu'elles soient très tendres.

- Peler et évider les pommes, puis les couper en tranches.

- Faire fondre le beurre dans un poêlon et cuire les pommes à feu doux environ 15 min, jusqu'à ce qu'elles soient tendres. Transvider les pommes dans un grand bol.

- Peler les patates pendant qu'elles sont encore chaudes, puis les ajouter aux pommes. Ajouter la crème, la muscade et le gingembre. Réduire en purée avec une fourchette, puis fouetter avec le batteur électrique jusqu'à consistance crémeuse. Servir immédiatement.

Purée de pommes et de châtaignes

*Si vous achetez des châtaignes et de la compote en conserve, vous réussirez
à préparer cette purée en quelques minutes seulement. Si vous faites des sandwiches
à la dinde ou au poulet, remplacez la mayonnaise par 1 ou 2 c. à soupe de cette purée
pour tartiner le pain ou les tortillas de blé.*

8 PORTIONS

240 g (8 oz) de châtaignes fraîches
360 g (2 tasses) de compote de pommes
 sans sucre
$\frac{1}{2}$ c. à café ($\frac{1}{2}$ c. à thé) de muscade
 moulue
$\frac{1}{4}$ c. à café ($\frac{1}{4}$ c. à thé) de poivre blanc
 moulu

- Préchauffer le four à 200 °C (400 °F).

- Faire une incision en forme de X sur le côté plat
 des châtaignes, puis les mettre dans un plat de
 cuisson. Cuire au four 15 min en remuant de temps
 à autre.

- Retirer les châtaignes du four et laisser refroidir
 légèrement. Peler les châtaignes pendant qu'elles
 sont encore chaudes sinon la pelure intérieure
 de couleur brune sera difficile à enlever.

- Passer les châtaignes à travers un presse-riz ou les
 réduire en purée au mélangeur ou au robot de
 cuisine. On obtiendra environ 375 ml (1 $\frac{1}{2}$ tasse).

- Verser la purée de châtaignes dans un plat de
 cuisson, incorporer la compote de pommes, la
 muscade et le poivre.

- Garder au chaud dans le four réglé à température minimale jusqu'au moment de servir.

Casserole de patates sucrées au sirop d'érable

Ce plat est surtout servi comme entrée, mais son goût sucré en fait un mets d'accompagnement idéal pour les viandes rôties et les farces. Essayez-le également comme dessert avec de la crème fouettée ou de la crème sure sucrée à la cassonade.

8 À 10 PORTIONS

6 patates sucrées moyennes
2 pommes moyennes (Baldwin, Granny Smith, Northern Spy)
Jus d'un citron
120 g (1/2 tasse) de beurre
125 ml (1/2 tasse) de sirop d'érable
1/2 c. à café (1/2 c. à thé) de muscade moulue

- Brosser les patates sucrées et les mettre dans une casserole d'eau bouillante. Cuire 20 min ou jusqu'à ce qu'on puisse les percer facilement avec une fourchette. Laisser refroidir et peler.

- Préchauffer le four à 180 °C (350 °F).

- Couper les patates sucrées en rondelles de 12 mm (1/2 po). Étendre une couche de rondelles dans un plat de cuisson graissé de 22 x 33 cm (9 x 13 po).

- Peler et évider les pommes, puis les couper en tranches de 12 mm (1/2 po) d'épaisseur environ. Mélanger avec le jus de citron.

- Étendre une couche de tranches de pomme par-dessus les patates sucrées. Faire alterner les couches de patates et de pommes jusqu'à épuisement des ingrédients.

- Faire fondre le beurre dans une petite casserole. Incorporer le sirop d'érable et la muscade. Verser dans le plat.

- Cuire au four 30 min. Servir chaud.

Ratatouille de pommes

*J'ai appris à faire la ratatouille alors que j'étais étudiante à Genève, en Suisse.
Ma compagne de chambre en faisait une quantité énorme et nous nous en régalions
pendant des jours. Nous la servions souvent sur du riz ou sur des nouilles.
Quand nous en avions assez de la manger chaude, nous la tartinions
sur des tranches de pain et la mettions au four avec un peu de fromage.
Les pommes remplacent ici les aubergines d'une manière originale.*

8 PORTIONS

2 c. à soupe d'huile d'olive
1 gros oignon, en tranches
4 gousses d'ail
2 c. à café (2 c. à thé) de basilic séché
1 c. à café (1 c. à thé) d'origan séché
$\frac{1}{2}$ c. à café ($\frac{1}{2}$ c. à thé) de piment de
   la Jamaïque moulu
$\frac{1}{4}$ c. à café ($\frac{1}{4}$ c. à thé) de poivre noir
   fraîchement moulu
2 poivrons verts, en tranches
2 courgettes moyennes, en tranches
6 tomates mûres, en quartiers
2 pommes moyennes (Rome Beauty,
   Granny Smith, Northern Spy), en dés

- Chauffer l'huile dans un grand poêlon. Ajouter les oignons puis écraser les gousses d'ail directement dans le poêlon. Faire sauter 5 min.

- Saupoudrer avec le basilic, l'origan, le piment de la Jamaïque et le poivre.

- Incorporer les poivrons et faire sauter 10 min.

- Ajouter les courgettes et les tomates. Remuer, couvrir et laisser mijoter 20 min.

- Ajouter les pommes, couvrir et laisser mijoter 15 min. Servir chaud.

Compote de pommes sans sucre

Cette compote se prête à plusieurs variantes. Par exemple, si vous servez du bœuf,
mélangez 360 g (2 tasses) de compote avec un peu de raifort fraîchement râpé.
Si vous préparez un mets à base de porc ou de poulet, ajoutez 2 c. à soupe de miel,
le zeste d'une lime et ½ c. à café (à thé) de cari et ½ c. à café (à thé) de gingembre moulu
à 360 g (2 tasses) de compote. Pour accompagner l'oie ou le canard,
ajoutez 2 c. à soupe de brandy et 2 c. à soupe de miel à 360 g (2 tasses) de compote.

DONNE ENVIRON 1,25 LITRE (5 TASSES)

10 pommes moyennes (un mélange de
  différentes variétés est idéal ;
  éviter les Red Delicious et autres variétés
  estivales)
1 c. à soupe d'eau, de jus de pomme
  ou de jus de citron
1 c. à café (1 c. à thé) de muscade moulue

- Peler et évider les pommes, puis les couper en quartiers avant de les mettre dans une grande casserole. Ajouter l'eau et la muscade.

- Couvrir et laisser mijoter environ 30 min, jusqu'à ce que les pommes soient tendres. Réduire en purée selon la consistance désirée avec une fourchette ou à l'aide du mélangeur ou du robot de cuisine.

NOTE : Pour ajouter de la saveur, laisser la pelure pour la cuisson. Passer ensuite les pommes à travers un tamis pour séparer la pelure du fruit. Si on utilise un mélangeur ou un robot de cuisine, la pelure se défera facilement.

Kebabs de pommes

*Les quartiers de pomme enfilés sur des brochettes grilleront plus facilement.
Ils sont délicieux avec du jambon ou du poulet. Ces brochettes plairont également
à l'heure du goûter ou du dessert. Arrosez-les avec un peu de sauce au chocolat
pour leur donner un goût plus sucré.*

6 PORTIONS

6 pommes moyennes (Gala, Braeburn, Honeycrisp, Golden Delicious)

4 c. à soupe de beurre

1 c. à soupe de beurre d'arachide crémeux

$\frac{1}{2}$ c. à café ($\frac{1}{2}$ c. à thé) de cannelle moulue

$\frac{1}{2}$ c. à café ($\frac{1}{2}$ c. à thé) de gingembre moulu

$\frac{1}{2}$ c. à café ($\frac{1}{2}$ c. à thé) de muscade moulue

- Évider les pommes et couper chacune en 6 quartiers. Couper chaque quartier en deux. Enfiler les morceaux de pomme sur 6 brochettes et poser celles-ci sur une rôtissoire.

- Dans un petit poêlon, faire fondre le beurre. Incorporer le beurre d'arachide, la cannelle, la muscade et le gingembre.

- Badigeonner les morceaux de pomme avec le mélange précédent. Griller les brochettes 4 min (1 min de chaque côté). Badigeonner généreusement chaque fois qu'on les retourne. Servir chaud.

Farce aux pommes et aux poivrons rouges

Qui n'aime pas la farce? Voici une nouvelle manière de la présenter. On ne l'utilise pas pour farcir un poulet ou un rôti et on la sert plutôt comme mets d'accompagnement.

4 PORTIONS

1 pomme moyenne (Granny Smith, Braeburn, Ida Red)

2 c. à soupe d'huile d'olive

2 poivrons rouges, hachés

1 oignon moyen, haché

1 gousse d'ail, émincée

6 tranches de pain de blé entier

50 ml (¼ tasse) de jus de pomme brut ou ordinaire

1 c. à café (1 c. à thé) de thym séché

½ c. à café (½ c. à thé) de macis moulu

¼ c. à café (¼ c. à thé) de poivre noir fraîchement moulu

1 œuf

- Évider et hacher la pomme.

- Chauffer l'huile dans un grand poêlon et faire sauter les pommes, les poivrons, les oignons et l'ail pendant 10 min. Retirer du feu.

- Couper le pain en cubes et l'ajouter dans le poêlon avec le jus de pomme, le thym, le macis et le poivre.

- Battre l'œuf et l'incorporer aux autres ingrédients.

- Façonner 4 boules et les faire cuire dans la même rôtissoire qu'une volaille ou un rôti de porc pendant les 45 dernières minutes de cuisson.

Farce aux pommes et à la saucisse

Les saucisses douces et épicées conviennent à cette recette. Enlevez la peau et émiettez-les dans le poêlon. Vous pouvez aussi utiliser des oignons à votre goût, qu'ils soient doux ou forts.

FARCE POUR UNE DINDE
DE 5 À 6 KG (10 À 12 LB)

240 g (8 oz) de saucisses de porc
1 pomme moyenne (Ida Red, Empire, Golden Delicious, Granny Smith)
2 oignons moyens, hachés
$\frac{1}{2}$ c. à café ($\frac{1}{2}$ c. à thé) de gingembre moulu
$\frac{1}{2}$ c. à café ($\frac{1}{2}$ c. à thé) de macis moulu
$\frac{1}{2}$ c. à café ($\frac{1}{2}$ c. à thé) de sauge séchée
$\frac{1}{2}$ c. à café ($\frac{1}{2}$ c. à thé) de thym séché
$\frac{1}{2}$ c. à café ($\frac{1}{4}$ c. à thé) de poivre noir fraîchement moulu
8 tranches de pain de blé entier
1 œuf

- Cuire les saucisses 5 min dans un grand poêlon en les retournant de temps à autre.

- Peler, évider et hacher la pomme. Ajouter les pommes et les oignons à la viande avec le gingembre, le macis, la sauge, le thym et le poivre. Faire sauter 5 min.

- Émietter le pain dans le poêlon. Dans un petit bol, battre l'œuf puis le mélanger avec les autres ingrédients dans le poêlon.

- Farcir une dinde de 5 à 6 kg (10 à 12 lb) et cuire au four. La farce peut être cuite séparément dans un plat de cuisson à 180 °C (350 °F) pendant 45 min.

Ajoutez une pomme

Les farces aux pommes sont délicieuses. Vous pouvez ajouter sans risque une pomme à n'importe quelle recette de farce. Elle lui donnera une saveur délicate en plus de lui ajouter un peu plus d'humidité. Remplacez une partie de l'eau ou du bouillon prévu pour votre recette de farce par 50 ml ($\frac{1}{4}$ tasse) de jus de pomme. Une note sucrée qui sera très appréciée.

Farce aux pommes et au pain de maïs

Faites votre pain ou vos muffins de maïs la veille.
Utilisez les restes dans cette recette que vous ferez le lendemain.

FARCE POUR UN POULET
DE **2,25 À 3 KG (5 À 6 LB)**

2 à 4 c. à soupe d'huile d'olive ou
   de beurre
2 tiges de céleri moyennes, hachées
1 oignon moyen, haché
60 g ($^1/_4$ tasse) de céleri frais, haché
1 c. à café (1 c. à thé) d'origan séché
2 pommes moyennes (Empire, Ida Red,
   Golden Delicious)
120 g (2 tasses) de pain de maïs, émietté
   (2 gros muffins ou 4 tranches de pain)
2 c. à soupe de jus de pomme
1 œuf

- Chauffer l'huile dans un poêlon et faire sauter le céleri et les oignons 5 min. Ajouter le persil et l'origan.

- Peler, évider et hacher les pommes. Faire sauter avec les oignons pendant 5 min.

- Incorporer le pain de maïs.

- Battre ensemble le jus de pomme et l'œuf. Incorporer à la farce.

- Farcir un poulet de 2,25 à 3 kg (5 à 6 lb) et cuire au four. La farce peut être cuite séparément dans un plat de cuisson à 180 °C (350 °F) pendant 45 min.

Farce aux pommes et aux oignons

Cette recette est surtout utilisée pour farcir la dinde,
mais elle convient également au poulet et à l'oie.

FARCE POUR DEUX OIES
DE 3 À 4 KG (6 À 8 LB) OU
UNE DINDE DE 5,5 À 6 KG (12 À 14 LB)

120 g (½ tasse) de beurre
18 oignons moyens, en tranches
5 tiges de céleri, en tranches
4 tasses (8 tranches) de pain en cubes
7 g (¼ tasse) de persil frais, haché
1 c. à soupe de sauge fraîche, hachée
1 c. à soupe de thym frais
½ c. à café (½ c. à thé) de poivre noir
   fraîchement moulu
4 grosses pommes (Ida Red)

- Dans un grand poêlon, faire fondre la moitié du beurre. Ajouter les oignons et cuire environ 20 min à feu doux ou jusqu'à ce qu'ils soient tendres et légèrement dorés. Réserver.

- Dans un autre poêlon, faire fondre le beurre restant et faire sauter le céleri 5 min.

- Incorporer le pain, le persil, la sauge, le thym et le poivre.

- Peler et évider les pommes, puis les couper en dés avant de les ajouter au pain.

- Incorporer les oignons à la farce. Utiliser pour farcir deux oies de 3 à 4 kg (6 à 8 lb) ou une dinde de 5,5 à 6 kg (12 à 14 lb). S'il reste de la farce, on peut la faire cuire séparément dans un plat de cuisson graissé pendant 45 min à 180 °C (350 °F).

Relish épicé aux pommes et aux canneberges

Transformez cette recette en salsa et servez-la avec des tortillas de blé à la dinde. Épicez-la en y ajoutant un peu plus d'oignons, un piment jalapeno émincé ou un autre piment fort.

1 LITRE (4 TASSES)

2 pommes (Granny Smith, Empire, Braeburn)
1 orange
120 g (½ tasse) de sucre
250 g (2 tasses) de canneberges
1 petit oignon
2 c. à soupe de jus de citron
¼ c. à café (¼ c. à thé) de poivre de Cayenne
¼ c. à café (¼ c. à thé) de clou de girofle moulu
1 c. à soupe de brandy
1 c. à café (1 c. à thé) de gingembre moulu

- Évider les pommes et couper chacune en 8 morceaux environ. Hacher grossièrement dans le robot de cuisine. Transvider dans un bol moyen.

- Enlever le zeste de l'orange en fines lamelles en prenant soin de ne pas prélever la partie blanche et amère de l'écorce. Hacher finement le zeste et le sucre dans le robot de cuisine. Transvider dans le bol. Presser l'orange dans le bol.

- Passer les canneberges au robot, une grosse poignée à la fois, pour les hacher grossièrement. Ajouter les canneberges aux pommes et au zeste d'orange.

- Peler et couper les oignons en 4 morceaux. Hacher grossièrement au robot. Ajouter le jus de citron, le poivre de Cayenne, le clou de girofle, le brandy et le gingembre dans le bol et remuer.

- Couvrir et garder un ou deux jours dans le réfrigérateur avant de servir.

Relish aux fruits d'automne

*Le goût acidulé des canneberges sera atténué par le goût
naturellement sucré des pommes et des poires. Ce relish est délicieux avec de la volaille
ou un rôti. Si vous voulez le sucrer davantage, délayez 2 c. à soupe de miel ou
de sirop d'érable dans le jus de pomme.*

1 LITRE (4 TASSES)

2 pommes sucrées (Golden Delicious,
  Gala, Honeycrisp), évidées et finement
  hachées
2 poires moyennes, pelées, évidées
  et hachées
90 g (³/₄ tasse) de canneberges,
  grossièrement hachées
90 g (¹/₂ tasse) de dattes, dénoyautées
  et hachées
60 g (¹/₂ tasse) de noix ou de pacanes,
  hachées et grillées
125 ml (¹/₂ tasse) de jus de pomme
1 c. à café (1 c. à thé) de zeste d'orange,
  râpé
¹/₄ à ¹/₂ c. à café (¹/₄ à ¹/₂ c. à thé) de
  cannelle moulue
1 pincée de clou de girofle moulu

• Mélanger tous les ingrédients et les garder dans
  le réfrigérateur. On peut conserver ce relish
  jusqu'à deux semaines au réfrigérateur dans un
  bocal bien couvert.

91

Repas à base
de pommes

Le pain de viande sera plus moelleux et aura meilleur goût si on lui ajoute un peu de compôte de pommes. Les pommes râpées, en tranches et en cubes ajoutent une dimension particulière aux soupes, pâtés à la viande et autres mets à base de volaille, de porc, de bœuf et d'agneau. Que vous prépariez un repas simple ou sophistiqué, n'hésitez pas à inclure des pommes au menu.

Soupe mulligatawny

*Cette soupe délicieuse était l'une des préférées de ma mère qui se faisait une joie
de la préparer dès qu'elle avait des restes de poulet et de riz. Originaire de l'Inde,
cette recette s'est répandue dans le monde entier grâce aux soldats anglais et écossais.
Le mot* mulligatawny *signifie « eau poivrée ».*

4 À 6 PORTIONS

2 c. à soupe d'huile d'olive ou de beurre
1 carotte moyenne, hachée
1 oignon moyen, haché
1 petite tige de céleri, hachée
1 pomme moyenne
2 c. à soupe de farine tout usage
3 c. à café (3 c. à thé) de cari
1,25 litre (5 tasses) de bouillon de poulet
  ou de légume
90 g (1 tasse) de riz cuit
125 ml (½ tasse) de crème légère
  ou épaisse

- Chauffer l'huile dans une casserole de 3 litres (12 tasses) et faire sauter les carottes, les oignons et le céleri pendant 5 min.

- Peler et évider la pomme, puis la couper en dés. L'incorporer aux légumes et faire sauter 5 min.

- Incorporer la farine et le cari.

- Verser lentement le bouillon et amener à ébullition. Réduire la chaleur, couvrir et laisser mijoter 20 min.

- Ajouter le riz et laisser mijoter 10 min de plus. Retirer du feu.

- Réchauffer la crème dans une petite casserole sans lui permettre d'atteindre le point d'ébullition (de petites bulles se formeront le long des parois). Verser dans la soupe et servir.

95

Soupe aux pommes et aux courgettes

Servie chaude ou à la température ambiante,
cette soupe peut être préparée en un clin d'œil pendant que le reste du repas
est en train de cuire. Servez-la aussi à l'heure du lunch avec du pain croûté
et de la tapenade d'olives.

4 À 6 PORTIONS

1 grosse pomme (Rome Beauty, Northern Spy, Winesap)
2 c. à soupe de beurre
1 c. à soupe d'huile d'olive
2 courgettes moyennes, hachées
1 gros oignon, en tranches
125 ml (½ tasse) de jus de pomme brut ou de xérès
½ c. à café (½ c. à thé) de muscade moulue
½ c. à café (½ c. à thé) de poivre noir fraîchement moulu
1 litre (4 tasses) de bouillon de poulet ou de légumes
125 ml (½ tasse) de crème légère
15 g (½ tasse) de persil frais, haché
Muscade moulue (facultatif)

- Peler et évider la pomme, puis la couper en dés.

- Chauffer le beurre et l'huile dans un grand poêlon. Ajouter les pommes, les courgettes et les oignons. Sauter à feu moyen de 5 à 10 min pour les attendrir.

- Ajouter le jus de pomme, la muscade et le poivre. Couvrir et laisser mijoter 15 min de plus.

- Ajouter le bouillon, couvrir et laisser mijoter 5 min.

- Réduire les légumes en purée dans le mélangeur ou le robot de cuisine (ou les passer au tamis).

- Remettre les légumes dans le poêlon, verser la crème et amener à ébullition rapide.

- Verser dans des bols individuels et garnir de persil. Ajouter du poivre et de la muscade au goût.

Soupe aux haricots noirs

Si vous achetez des haricots en conserve, rincez-les bien pour enlever le sel.
Vous gagnerez ainsi du temps puisque la préparation ne prendra que 15 minutes
et la cuisson 30 minutes. Servez cette soupe sur du riz brun ou blanc
pour composer un repas nourrissant.

6 À 8 PORTIONS

480 g (1 lb) de haricots noirs secs
  Black turtle
1,5 litre (6 tasses) d'eau
2 c. à soupe d'huile d'olive
4 grosses gousses d'ail, hachées
2 grosses branches de céleri, hachées
1 gros oignon, haché
875 ml (3 ½ tasses) de bouillon de bœuf,
  de poulet ou de légumes
125 ml (½ tasse) de xérès
2 c. à café (2 c. à thé) de piment de
  la Jamaïque moulu
1 feuille de laurier
2 pommes acidulées (Granny Smith,
  Jonagold, Ida Red)
240 g (8 oz) de saucisses italiennes
  douces, coupées en morceaux
  de 5 cm (2 po)
240 g (8 oz) de saucisses italiennes
  épicées, coupées en morceaux
  de 5 cm (2 po)

- Laver et trier les haricots. Mettre dans une grande casserole, ajouter l'eau et amener à ébullition. Retirer du feu, couvrir et laisser tremper 1 h.

- Chauffer l'huile dans un faitout de 4 à 5 litres (16 à 20 tasses) convenant à la cuisson au four. Faire sauter l'ail, le céleri et les oignons 5 min.

- Ajouter le bouillon, le xérès, le piment de la Jamaïque et la feuille de laurier. Égoutter les haricots et les mettre dans le faitout. Amener à ébullition, réduire la chaleur et laisser mijoter de 2 à 4 h (selon la tendreté désirée pour les haricots).

- Peler et évider les pommes, puis les couper en dés. Les ajouter aux haricots avec les saucisses pour les 30 dernières minutes de cuisson.

97

Soupe hivernale

Soupe hivernale… oui, mais je la prépare tout au long de l'année et j'en congèle une partie.

6 À 7 PORTIONS

3 c. à soupe de beurre

3 poireaux moyens, partie blanche et un
  peu de vert, coupés
  en tranches minces

2 pommes de terre moyennes, en dés

2 pommes Red Delicious ou Cortland,
  coupées en dés

250 ml (1 tasse) de jus de pomme

125 ml ($^1/_2$ tasse) de vinaigre de cidre

750 ml (3 tasses) de bouillon de poulet

1 c. à soupe de gingembre frais, haché
  ou plus au goût

Sel et poivre, au goût

240 g (2 tasses) de poulet, cuit et coupé
  en cubes

125 ml ($^1/_2$ tasse) de crème à 15 % chaude

- Fondre le beurre, y sauter les poireaux jusqu'à transparence, sans les dorer. Ajouter les pommes de terre, les pommes, les tourner dans le beurre et cuire à feu moyen quelques minutes.

- Mouiller avec les liquides, couvrir et mijoter environ 15 min. Ajouter le poulet cuit, le gingembre, assaisonner. Cuire encore 10 à 15 min, rectifier l'assaisonnement.

- Au moment de servir, ajouter la crème chaude. Servir cette soupe très chaude avec des croûtons.

Salade de pommes aux fruits secs

Quand on lit cette recette, on a envie d'y goûter; allez-y, vous ne serez pas déçu !

720 g (3 tasses) de pommes rouges,
  non pelées, en dés

480 g (2 tasses) de céleri, en dés

$^1/_4$ c. à café ($^1/_4$ c. à thé) de sel

60 g ($^1/_2$ tasse) de noix, hachées

90 g ($^1/_2$ tasse) de raisins secs ou
  de dattes, hachées

125 ml ($^1/_2$ tasse) de mayonnaise

60 g ($^1/_4$ tasse) de yogourt nature

- Mélanger les pommes et la moitié de la mayonnaise ; ajouter le céleri et garder dans le réfrigérateur.

- Au moment de servir, ajouter le sel, les noix, les raisins secs ou les dattes, le reste de la mayonnaise et le yogourt, remuer légèrement. Servir sur de la laitue.

Purée de rutabaga et de pommes

Cette purée est un délice. Elle se conserve
au réfrigérateur au moins une semaine.

4 À 5 PORTIONS

900 g (4 tasses) de rutabaga
1 gros oignon
300 g (1 ½ tasse) de pommes pas trop
   sucrées
1 branche de céleri avec les feuilles
2 c. à soupe de beurre
2 c. à café (2 c. à thé) de sel
¼ c. à café (¼ c. à thé) de muscade
Poivre au goût
2 c. à soupe de gelée de pommes
2 c. à soupe de persil frais, haché

- Peler et couper le rutabaga et l'oignon en gros dés ; les cuire à l'eau bouillante salée jusqu'à tendreté.

- Peler et couper en petits dés les pommes. Hacher le céleri finement.

- Fondre le beurre dans une poêle ; lorsqu'il est mousseux, ajouter les pommes et le céleri et les cuire jusqu'à transparence, sans les dorer. Assaisonner avec le sel, le poivre et la muscade. Ajouter la gelée de pommes et brasser pour la fondre dans le mélange.

- Égoutter le rutabaga et l'oignon et les écraser en purée. Fouetter vigoureusement pour que la préparation soit légère. Ajouter le mélange des pommes et mêler.

- Chauffer la purée à feu doux pour l'assécher légèrement, la brasser pour éviter qu'elle ne colle, rectifier l'assaisonnement.

- Verser dans un légumier réchauffé ; saupoudrer de persil frais haché. Servir cette purée très chaude avec du porc, du jambon ou du rosbif.

99

Chou rouge braisé aux pommes

On peut servir le reste du chou braisé avec des saucisses;
un autre souper pour les temps froids.

4 À 5 PORTIONS

900 g (4 tasses) de chou rouge, coupé
   en lanières
4 c. à soupe de beurre
480 g (1 lb) de pommes fermes (Cortland,
   Empire ou Spartan), évidées, pelées et
   coupées en dés
2 oignons moyens, en fines tranches
2 gousses d'ail, écrasées
$1/4$ c. à café ($1/4$ c. à thé) chacun de
   muscade, cannelle, graines de carvi et
   piment de la Jamaïque
1 c. à café (1 c. à thé) de zeste d'orange
3 c. à soupe de cassonade
250 ml (1 tasse) de vin rouge
2 c. à soupe de vinaigre de cidre
125 ml ($1/2$ tasse) de jus de pomme

- Chauffer le four à 180 °C (350 °F). Laver le chou ; retirer le cœur ; couper les feuilles en fines lanières de 6 mm ($1/4$ po). Faire tremper le chou dans de l'eau salée glacée pendant 30 min et bien l'égoutter.

- Fondre le beurre dans une poêle à fond épais. Y déposer le chou, le tourner dans le beurre chaud, couvrir et laisser étuver 5 min.

- Peler les pommes, les évider et les couper en dés. Couper les oignons en tranches. Retirer le chou.

- Dans une marmite à fond épais, placer un rang de chou, un rang de pommes, un rang d'oignons. Assaisonner chaque rang avec l'ail écrasé et les épices, poivrer. Recommencer les rangs.

- Saupoudrer le dessus de cassonade. Arroser de vinaigre, de vin et de jus de pomme. Couvrir et laisser mijoter au four jusqu'à ce que le chou soit tendre. Ajouter un peu de vin ou de jus de pomme si l'évaporation se fait trop vite. Servir immédiatement.

- Délicieux avec le gibier, le canard ou le poulet.

Thon grillé et chutney aux pommes

Mon ami Ivan Lillie, chef et traiteur, m'a préparé plusieurs repas délicieux.
Parmi toutes les recettes que je lui ai empruntées, voici ma préférée.

8 PORTIONS

8 darnes de thon de 2,5 cm (1 po)
   d'épaisseur
125 ml (½ tasse) de vinaigre de cidre
   de pomme
125 ml (½ tasse) de vinaigre de vin
   de riz
6 gros morceaux de gingembre confit,
   hachés
4 gousses d'ail, émincées
1 c. à soupe de cassonade
Sel et poivre fraîchement moulu, au goût
2 c. à soupe d'huile d'olive
1 c. à soupe d'huile de sésame

CHUTNEY
2 piments jalapenos
4 pommes (Ida Red, York, Stayman,
   Braeburn), pelées, évidées et coupées
   en dés
1 oignon blanc moyen, en dés
6 à 8 gousses d'ail, hachées
125 ml (½ tasse) de vinaigre de cidre
   de pomme
120 g (½ tasse) de cassonade

- Mettre les darnes de thon dans un grand plat. Pour préparer la marinade, mélanger le vinaigre de cidre, le vinaigre de riz, le gingembre, l'ail, la cassonade, le sel et le poivre. Bien remuer. Verser la marinade sur le thon et laisser environ 30 min à la température ambiante en retournant les darnes une ou deux fois au cours de cette période.

- Pour préparer le chutney, porter des gants de caoutchouc pour épépiner et émincer les piments. Mélanger les piments, les pommes, les oignons, l'ail, le vinaigre et la cassonade dans une casserole moyenne. Laisser mijoter environ 20 min à feu doux, en remuant de temps à autre, jusqu'à ce que les pommes soient tendres.

- Retirer les darnes du plat. Jeter la marinade. Remettre les darnes dans le plat. Dans un petit bol, mélanger l'huile d'olive et l'huile de sésame et verser sur le poisson. Retourner les darnes pour bien les enrober des deux côtés.

- Chauffer le gril à température élevée et placer les grilles à 10 cm (4 po) de la source de chaleur. Griller les darnes de 2 à 3 min de chaque côté pour cuisson saignante (3-4 min pour cuisson saignante-à point).

- Servir chaque portion avec une généreuse cuillerée de chutney.

Tortillas au thon et aux pommes

Ces tortillas sont faciles à préparer. Plus légères que du pain,
elles permettent de faire un repas nourrissant d'autant plus
que leur garniture est faible en matières grasses.

2 TORTILLAS

2 tortillas de blé de 20 cm (8 po) chacune
2 c. à soupe de tartinade (fromage à la
   crème aux fines herbes, purée de
   poivrons grillés, hoummos, purée
   d'aubergine, etc.)
1 grosse pomme (Gala, Golden Delicious),
   lavée, évidée et coupée en fines tranches
1 boîte de 195 g (6 ½ oz) de thon dans
   l'eau, égoutté
½ à 1 c. à soupe de mayonnaise ou
   de crème sure à faible teneur
   en matières grasses
Poivre noir fraîchement moulu, au goût
Cari doux (facultatif)
2 oignons verts (partie verte incluse),
   coupés en deux à l'horizontale puis
   coupés en deux sur la longueur

- Mettre chaque tortilla sur une assiette et la napper avec 1 c. à soupe de la tartinade choisie.

- Mettre les pommes sur la partie inférieure des tortillas en laissant un espace libre de 2,5 cm (1 po) tout autour.

- Dans un petit bol, défaire le thon en flocons et le mélanger avec la mayonnaise et le poivre.

- Mettre cette préparation sur les pommes. Saupoudrer de cari si on le désire. Couvrir d'oignons verts.

- Rouler les tortillas de bas en haut et servir immédiatement. Bien les envelopper dans de la pellicule plastique ou dans un sac de plastique à fermeture hermétique si on souhaite les emporter pour le lunch.

VARIANTE : On peut remplacer le thon en conserve par des restes de thon ou de saumon grillé, de la poitrine de dinde ou de poulet, et même du saumon fumé. Le goût de la pomme se marie également très bien avec la mozzarella de bufflonne fraîche.

Cari de morue aux pommes

*Les flocons de morue, gros et fermes, sont parfaits pour cette recette.
Vous pouvez toutefois les remplacer par des pétoncles, des crevettes, de la barbue
ou du surimi. J'utilise du cari doux, mais vous pouvez acheter du cari épicé
si vous souhaitez un goût plus prononcé.*

4 PORTIONS

1 c. à soupe d'huile d'olive

1 gros oignon, haché

2 gousses d'ail, émincées

1 boîte de 796 ml (28 oz) de tomates broyées

45 g (¼ tasse) de raisins secs

2 c. à soupe de chutney

2 c. à café (2 c. à thé) de cari (ou au goût)

2 pommes moyennes (Golden Delicious, Empire, Honeycrisp, Ginger Gold)

720 g (1 ½ lb) de darnes de morue

- Chauffer l'huile dans un grand poêlon et faire sauter les oignons et l'ail 10 min.

- Ajouter les tomates, les raisins secs, le chutney et le cari.

- Peler, évider et hacher les pommes. Les ajouter aux autres ingrédients qui sont dans le poêlon. Cuire de 15 à 20 min, jusqu'à ce que les oignons et les pommes soient tendres.

- Si nécessaire, enlever la peau et les arêtes de la morue. Couper la chair en morceaux de la grosseur d'une bouchée. Les incorporer au cari et cuire de 5 à 10 min ou jusqu'à ce que la morue soit tendre. Servir sur un lit de riz si on le désire.

103

Poulet à la crème sure

Un repas simple pour votre famille ou vos invités.
Servez ce poulet avec du riz, du couscous ou des nouilles aux œufs.
Réchauffez les restes de poulet dans une casserole
et laissez-les mijoter doucement.

4 PORTIONS

2 c. à soupe d'huile d'olive
I gros oignon, haché
2 tiges de céleri moyennes, hachées
2 à 4 gousses d'ail, émincées
I poulet de 2 kg (4 lb), coupé en
  morceaux
I c. à café (I c. à thé) de cumin moulu
$^{1}/_{2}$ c. à café ($^{1}/_{2}$ c. à thé) de cannelle
  moulue
$^{1}/_{2}$ c. à café ($^{1}/_{2}$ c. à thé) de gingembre
  moulu
$^{1}/_{4}$ c. à café ($^{1}/_{4}$ c. à thé) de poivre noir
  fraîchement moulu
250 ml (I tasse) de vin blanc ou
  de bouillon de poulet
250 ml (I tasse) de jus de tomate
2 c. à soupe de fécule de maïs
I c. à soupe de miel
2 pommes (Golden Delicious)
250 ml (I tasse) de crème sure
  à la température ambiante

- Préchauffer le four à 180 °C (350 °F).

- Chauffer l'huile dans un faitout de 5 ou 6 litres (20 à 24 tasses) convenant à la cuisson au four et faire sauter les oignons, le céleri et l'ail à feu moyen.

- Enlever la peau du poulet et poser les morceaux sur les légumes dans le faitout. Ajouter les abattis et le foie si désiré.

- Assaisonner avec le cumin, la cannelle, le gingembre et le poivre.

- Verser le vin et le jus de tomate dans le faitout en réservant un peu de liquide pour délayer la fécule de maïs. Faire une purée avec la fécule de maïs et le liquide réservé.

- Amener à ébullition le liquide contenu dans le faitout, réduire la chaleur au minimum et ajouter la fécule délayée et le miel.

- Couvrir et mettre au four 45 min ou jusqu'à ce que le poulet soit presque tendre.

- Peler et évider les pommes, puis les couper en cubes. Retirer le faitout du four. Incorporer les pommes et la crème sure. Remettre au four et cuire de 15 à 20 min de plus. Servir immédiatement.

Poulet braisé au jus de pomme

*Vous pouvez faire ce plat dans un presto. Préparez la recette sans ajouter
la fécule de maïs. Réglez la température au minimum pour 7 à 9 heures
ou à température élevée pour 3 ou 4 heures. Ajoutez la fécule de maïs
à la fin de la cuisson et cuisez à température élevée environ 15 minutes
de plus pour permettre au liquide d'épaissir.*

4 PORTIONS

1 poulet de 2 kg (4 lb), coupé en quartiers
1 c. à soupe de curcuma moulu
1 c. à café (1 c. à thé) de gingembre
  moulu
½ c. à café (½ c. à thé) de macis moulu
¼ c. à café (¼ c. à thé) de piment de
  la Jamaïque moulu
4 tomates, en quartiers
250 ml (1 tasse) de jus de pomme brut
  ou ordinaire
1 c. à soupe de fécule de maïs
2 c. à soupe d'eau froide

- Enlever le bout des ailes, la colonne vertébrale
  et le croupion des morceaux de poulet ; les
  conserver pour faire un bouillon. Jeter tout
  morceau de gras.

- Faire brunir le poulet dans un grand poêlon
  environ 10 min à feu moyen (sans huile), peau
  tournée vers le fond. Jeter tout surplus de gras.

- Saupoudrer de curcuma, de gingembre, de macis
  et de piment de la Jamaïque. Ajouter les tomates.
  Couvrir avec le jus de pomme.

- Couvrir, réduire la chaleur et laisser mijoter
  45 min.

- Pour épaissir les jus, mélanger la fécule de maïs
  et l'eau froide. Verser dans les jus de volaille et
  laisser mijoter 15 min de plus à découvert.

105

Ragoût d'agneau aux pommes

*Délicieux avec des pommes de terre ou des patates sucrées cuites au four.
Ouvrez les pommes de terre chaudes en deux, défaites la chair avec une fourchette
et recouvrez-la avec des bouquets de brocoli cuits, de la crème sure
et un peu de moutarde de Dijon.*

8 À 10 PORTIONS

2 c. à soupe d'huile végétale

2 carottes moyennes, en dés

2 tiges de céleri, en dés

1 gros oignon, en dés

3 gousses d'ail, émincées

1 morceau de 2,5 cm (1 po) de gingembre
   frais, émincé

$\frac{1}{2}$ c. à café ($\frac{1}{2}$ c. à thé) de cannelle
   moulue

$\frac{1}{4}$ c. à café ($\frac{1}{4}$ c. à thé) de clou de girofle
   moulu

1 pincée de poivre de Cayenne

2 kg (4 lb) d'épaule d'agneau maigre,
   en cubes de 5 cm (2 po)

750 ml (3 tasses) de bouillon de poulet
   ou de légumes

375 ml (1 $\frac{1}{2}$ tasse) de vin rouge ou
   de bière

2 ou 3 c. à soupe de fécule de maïs

3 c. à soupe d'eau froide

2 grosses pommes (Granny Smith,
   Braeburn, Fuji)

- Chauffer l'huile dans un faitout de 6 litres (24 tasses) et faire sauter les carottes, le céleri, les oignons, l'ail et le gingembre pendant 10 min. Ajouter la cannelle, le clou de girofle et le poivre de Cayenne.

- Ajouter l'agneau et verser le bouillon et le vin. Couvrir et laisser mijoter 1 $\frac{1}{2}$ h.

- Mélanger la fécule de maïs et l'eau et incorporer ce mélange au ragoût pour obtenir la consistance désirée.

- Peler et évider les pommes, puis les couper en cubes. Ajouter les pommes à l'agneau et laisser mijoter 30 min de plus.

Magrets de canard au cidre

«Recette du dimanche» comme disait ma mère !
Servez ce plat à des invités qui sauront l'apprécier !

4 PORTIONS

4 demi-poitrines ou 2 magrets de canard
2 pommes fermes, coupées en quartiers
250 ml (1 tasse) de cidre sec
175 ml (³/₄ tasse) de bouillon de volaille
Sel et poivre frais moulu
3 c. à soupe de beurre
1 c. à soupe de miel
Persil, haché

- Chauffer une poêle antiadhésive.

- Saler, poivrer les magrets, les sauter côté peau, sans gras, à feu vif environ 10 min en les remuant. Enlever presque tout le gras.

- Retourner et cuire de 10 à 15 min de plus, au four à 180 °C (350 °F). Ils seront rosés.

- Retirer les magrets, les garder au chaud.

- Faire revenir les pommes dans un peu de beurre chaud environ 5 à 6 min à feu doux, retirer les pommes et les conserver au chaud.

- Dégraisser la sauce, si nécessaire, déglacer avec le cidre, le jus de la viande et le bouillon de volaille, saler, poivrer.

- Réduire la sauce de moitié à feu vif, retirer du feu.

- Ajouter à la sauce le reste du beurre en noisettes et le miel tout en fouettant, rectifier l'assaisonnement.

- Couper la viande en tranches (aiguillettes) de 1 cm (³/₈ po) d'épaisseur, les placer en les chevauchant sur des assiettes chaudes, napper de sauce et décorer avec les quartiers de pommes.

- Servir très chaud avec une purée de pommes de terre persillée.

107

Canard braisé aux légumes

Ce mets superbe peut être préparé deux jours ou plus à l'avance, ce qui vous permettra d'en-lever le gras du jus de cuisson plus facilement après refroidissement. Ce plat regorge de saveur et gagne à être accompagné de pommes de terre en purée et de choux de Bruxelles ou encore de champignons et de petits pois. Servez-le avec une salade verte et vous aurez un repas très satisfaisant. Un simple sorbet aux fruits devrait vous suffire comme dessert…

4 PORTIONS

CANARD ET BOUILLON

1 canard de 2,5 à 3 kg (5 ½ à 6 lb) (plus
   le cou, les abattis, le cœur et le foie)
1 litre (4 tasses) de bouillon ou d'eau
4 gousses d'ail, aplaties
1 tige de céleri
1 petit oignon, coupé en deux
1 carotte, en morceaux

LÉGUMES

2 c. à soupe d'huile d'olive
1 gros oignon, haché
2 carottes moyennes, hachées
2 tiges de céleri moyennes, hachées
2 gousses d'ail, émincées
1 c. à café (1 c. à thé) de macis moulu
1 c. à café (1 c. à thé) de sauge séchée
1 c. à café (1 c. à thé) de thym séché
½ c. à café (½ c. à thé) de piment de
   la Jamaïque moulu
¼ c. à café (¼ c. à thé) de poivre noir
   fraîchement moulu
1 pincée de poivre de Cayenne
250 ml (1 tasse) de vin rouge
2 c. à soupe de fécule de maïs
3 pommes (Granny Smith, Ida Red,
   Winesnap, York)

- Pour préparer le bouillon, mettre le cou, les abattis, le cœur et le foie dans une casserole moyenne et couvrir avec le bouillon. Ajouter 2 gousses d'ail, le céleri, les oignons et les carottes. Amener à ébullition, réduire la chaleur, couvrir à moitié et laisser mijoter 40 min.

- Découper le canard en morceaux et enlever le gras autour du cou et des cavités. Enlever et jeter le bout des ailes et le croupion.

- Dans un faitout de 4 à 5 litres (16 à 20 tasses), faire brunir les morceaux de canard 20 min à feu moyen-élevé, peau tournée vers le fond (sans huile ni autre matière grasse). Ajouter les gousses d'ail restantes.

- Mettre les morceaux de canard sur une assiette. Jeter l'ail et le gras contenu dans la casserole.

- Pour préparer les légumes, chauffer l'huile d'olive à feu moyen dans le faitout. Ajouter les oignons, les carottes, le céleri et l'ail émincé. Saupoudrer avec le macis, la sauge, le thym, le piment de la Jamaïque, le poivre et le poivre de Cayenne. Faire sauter 10 min.

- Mettre les morceaux de canard sur les légumes, dans le faitout, peau tournée vers le haut.

- Égoutter et dégraisser le bouillon. (J'utilise un pot conçu expressément pour permettre au gras de remonter à la surface. On peut aussi préparer le bouillon la veille, le garder dans le réfrigérateur, puis séparer le gras solidifié du liquide refroidi.)

- Préchauffer le four à 160 °C (325 °F).

- Ajouter le vin au bouillon et verser sur le canard et les légumes. Couvrir le faitout et rôtir au four de 1 h à 1 ¼ h. (À cette étape-ci, on peut conserver le canard un jour ou deux dans le réfrigérateur pour donner au gras le temps de se solidifier, ce qui permettra de l'enlever plus facilement.)

- Mettre le faitout sur la cuisinière et laisser mijoter 15 min.

- Mettre les morceaux de canard dans un plat, couvrir et garder au chaud. Mettre les légumes et le liquide dans le mélangeur avec la fécule de maïs. Réduire en purée jusqu'à consistance onctueuse et transvider dans le faitout avec les morceaux de canard.

- Peler, évider puis couper les pommes en cubes de 12 mm (½ po). Incorporer les pommes aux légumes qui sont dans le faitout, couvrir et cuire au four de 20 à 30 min ou jusqu'à ce que les pommes soient tendres.

Filet de porc aux pommes et aux noix, sauce au cidre

Le filet de porc est très tendre; si on le cuit trop, il sera dur.
En suivant bien les indications, la viande sera savoureuse.
Une bolée de cidre accompagne bien ce plat.

4 PORTIONS

480 g (1 lb) environ de filet de porc
2 c. à soupe de farine
Sel et poivre, muscade
1 c. à soupe d'huile légère
1 oignon, haché
1 à 2 c. à soupe de beurre
30 g (¼ tasse) de noix de Grenoble, hachées
2 à 3 pommes reinette, coupées en quartiers
250 ml (1 tasse) de cidre sec
2 c. à café (2 c. à thé) de moutarde type Dijon
125 ml (½ tasse) de crème à 15 %, chaude
Persil, haché

- Couper le filet en tranches de 1 cm (³/₈ po) d'épaisseur, les fariner avec la farine assaisonnée avec le sel, le poivre et la muscade.

- Chauffer l'huile dans une poêle à fond épais, y dorer légèrement l'oignon, le retirer, ajouter le beurre, monter la chaleur. Dorer les tranches de filet des deux côtés, les retirer et les conserver au chaud. Sauter vivement les noix et les pommes, mouiller avec la moitié du cidre, bien déglacer, laisser réduire légèrement.

- Remettre les oignons et la viande dans la poêle, assaisonner, ajouter le reste du cidre et la moutarde, brasser. Couvrir et terminer la cuisson à feu doux.

- Au moment de servir, verser la crème chaude dans le mélange, bien mêler, rectifier l'assaisonnement, parsemer de persil haché. Servir très chaud sur du riz et déguster avec un verre de cidre.

Filet de porc farci aux pommes

On peut remplacer le beurre par de l'huile d'olive, mais le goût ne sera pas aussi riche.
Cette farce peut être utilisée avec des poitrines de poulet désossées,
ce qui ne demandera que de 20 à 25 minutes de cuisson.

4 PORTIONS

1 filet de porc de 480 g (1 lb) environ
2 c. à soupe de beurre ou d'huile d'olive
2 pommes moyennes (Jonagold, Stayman, Winesap, Fuji), évidées, pelées (au goût), et coupées en fines tranches
1 oignon moyen, haché
2 grandes tranches de pain rassis, réduites en chapelure
$\frac{1}{2}$ c. à café ($\frac{1}{2}$ c. à thé) de marjolaine
$\frac{1}{2}$ c. à café ($\frac{1}{2}$ c. à thé) de sarriette
$\frac{1}{2}$ c. à café ($\frac{1}{2}$ c. à thé) de poivre noir fraîchement moulu
$\frac{1}{2}$ c. à café ($\frac{1}{2}$ c. à thé) de sel
$\frac{1}{2}$ c. à café ($\frac{1}{2}$ c. à thé) à 1 c. à soupe d'huile végétale ou d'huile d'olive

GLACE

4 c. à soupe de miel
2 c. à soupe de cassonade
2 c. à soupe de vinaigre de cidre
1 c. à soupe de moutarde brune

- Ouvrir le filet presque complètement en deux. Le mettre entre deux feuilles de papier ciré (sulfurisé) et l'aplatir à environ 12 mm ($\frac{1}{2}$ po) d'épaisseur.

- Faire fondre le beurre dans un poêlon à feu moyen. Ajouter les pommes et les oignons et faire sauter environ 5 min, jusqu'à ce qu'ils commencent à brunir et qu'ils soient tendres. Ajouter la chapelure, la marjolaine et la sarriette et mélanger avec les pommes et les oignons pour bien humecter tous les ingrédients. Retirer du feu.

- Préchauffer le four à 190 °C (375 °F).

- Saler et poivre l'intérieur du filet de porc et étendre la farce aux pommes sur le dessus. Rouler le filet sur la longueur et l'attacher avec de la ficelle à rôti. Remettre le poêlon à feu moyen. Ajouter l'huile et faire revenir le filet sur toutes les faces pour le faire brunir. Mettre le filet dans un plat de cuisson.

- Pour préparer la glace, mélanger le miel, la cassonade, le vinaigre et la moutarde.

- Verser la glace sur le filet et cuire au four 45 min en le badigeonnant avec la glace trois ou quatre fois en cours de cuisson. Retirer du four. Laisser reposer de 5 à 10 min avant de servir.

111

Côtelettes de porc à la normande

Ces côtelettes peuvent se préparer en deux étapes; d'abord vous les cuisez au four et vous terminez la cuisson au moment de les servir.

4 PORTIONS

5 pommes moyennes pelées, coupées en
 quartiers
6 côtelettes de 2 cm (1 po) d'épaisseur
Sel et poivre
Muscade ou cannelle
1 c. à soupe de beurre
125 ml (½ tasse) de cidre semi-doux

- Peler, enlever le cœur et couper des pommes en quartiers. Dans une poêle épaisse, dorer des deux côtés dans un peu de gras chaud des côtelettes parées de 2,5 cm (1 po) d'épaisseur. Assaisonner avec sel, poivre, muscade ou cannelle, ajouter les pommes, couvrir et cuire à feu doux ou au four à 180 °C (350 °F) jusqu'à ce que la viande soit tendre et juteuse. Retirer du four et garder au chaud.

- Déglacer la poêle avec 125 à 150 ml (½ à ⅔ tasse) de cidre semi-doux. Réduire la sauce de moitié. Rectifier l'assaisonnement, verser sur les côtelettes et les pommes. Servir très chaud.

112

Pain de viande aux pommes et au cari

Cette recette vous permettra aussi de faire de délicieuses boulettes de viande. Façonnez des boulettes de 5 cm (2 po) et faites-les brunir dans 1 c. à soupe d'huile dans un petit faitout. Égouttez le gras, ajoutez 125 ml (½ tasse) de sauce tomate, couvrez et cuisez 30 minutes au four.

6 PORTIONS

2 tranches de pain de blé entier
1 oignon moyen
1 grosse pomme acidulée (Granny Smith, Jonagold, York)
480 g (1 lb) de bœuf haché
480 g (1 lb) de porc haché
90 g (½ tasse) de raisins secs (facultatif)
125 g (½ tasse) de yogourt nature
2 c. à soupe de sauce à bifteck
1 œuf
2 c. à café (2 c. à thé) de cari
1 c. à café (1 c. à thé) de thym séché

SAUCE
1 c. à café (1 c. à thé) de fécule de maïs
1 c. à café (1 c. à thé) de cari
2 c. à soupe de jus de pomme

- Préchauffer le four à 180 °C (350 °F).

- Émietter les tranches de pain dans un grand bol. Râper l'oignon dans le même bol.

- Peler, évider et hacher finement la pomme. Verser dans le bol.

- Ajouter le reste des ingrédients et bien remuer. (J'utilise mes mains pour mieux mélanger.) Transvider dans un moule à pain de 22 x 13 cm (9 x 5 po), couvrir et cuire 1 h au four.

- Pour préparer la sauce, verser les jus de cuisson dans un poêlon. Mélanger la fécule de maïs, le cari et le jus de pomme jusqu'à consistance onctueuse. Verser dans les jus de cuisson, chauffer et remuer jusqu'à épaississement. Pour obtenir une sauce plus épaisse, utiliser 2 c. à café (2 c. à thé) de fécule de maïs ; pour une sauce plus légère, ajouter un peu de lait.

113

Pâté au bœuf et aux pommes

*Ma mère utilisait du bœuf plutôt que du porc dans cette recette classique
afin d'obtenir des bouchées de viande plus tendres.
La viande de bœuf se défait plus facilement
que le porc pendant la cuisson.*

6 PORTIONS

45 g (¼ tasse) de farine tout usage
1 c. à café (1 c. à thé) de thym séché
½ c. à café (½ c. à thé) de cannelle
   moulue
½ c. à café (½ c. à thé) de gingembre
   moulu
½ c. à café (½ c. à thé) de macis moulu
½ c. à café (½ c. à thé) de poivre noir
   fraîchement moulu
1 kg (2 lb) de ronde ou de morceaux
   de bœuf, désossés, en morceaux
   de 2,5 cm (1 po)
5 c. à soupe d'huile d'olive
2 gros oignons, en fines tranches
500 ml (2 tasses) de bouillon de bœuf
250 ml (1 tasse) de vin rouge
2 pommes moyennes (Granny Smith,
   Baldwin, Fuji)
1 pâte à tarte (p. 132)

- Mélanger la farine avec le thym, la cannelle, le gingembre, le macis et le poivre. Passer les morceaux de bœuf dans la farine et réserver la farine restante.

- Chauffer 2 c. à soupe d'huile dans un faitout convenant à la cuisson au four. Faire sauter la moitié de la viande pour la brunir sur toutes les faces. Transvider sur une assiette. Faire brunir le bœuf restant dans 2 c. à soupe d'huile.

- Chauffer l'huile restante dans le faitout. Faire sauter les oignons 5 min. Ajouter la farine assaisonnée réservée et cuire 5 min.

- Ajouter le bouillon et le vin. Cuire à feu moyen jusqu'à ce que de la vapeur se dégage. Racler la farine qui pourrait rester collée aux parois.

- Ajouter le bœuf, couvrir et laisser mijoter 1 h à feu très doux.

- Quinze minutes avant la fin de la cuisson, préchauffer le four à 200 °C (400 °F). Peler et évider les pommes, puis les couper en fines tranches. Rouler la pâte de manière à ce qu'elle soit assez grande pour couvrir une casserole profonde de 2 litres (8 tasses).

- Verser le bœuf dans la casserole, couvrir avec les tranches de pomme puis couvrir avec la pâte. Sceller les bords avec les dents d'une fourchette. Pratiquer un petit trou au centre pour laisser la vapeur s'échapper.

- Cuire au four 45 min ou jusqu'à ce que la croûte soit dorée.

Jambon aux pommes et au cari

Ce plat plaît à tous et vous pouvez le préparer rapidement après une épuisante journée de travail. Demandez à vos invités de peler les pommes et de les couper en dés.
Ils seront ravis de participer à la préparation du repas.
Servez le jambon avec du riz au jasmin, de la salade, du pain croûté et du vin rouge fruité tel qu'un shiraz australien ou un pinot noir californien. Santé !

2 À 3 PORTIONS

2 c. à soupe d'huile d'olive
  ou de beurre
2 c. à soupe de farine
1 c. à soupe de cari doux
550 ml (2 ¼ tasses) de lait
2 pommes sucrées moyennes (Golden
  Delicious, Mutsu/Crispin, Empire, Gala)
90 g (½ tasse) de raisins secs
1 tranche de jambon de milieu de cuisse
  de 480 g (1 lb) et de 2 cm (¾ po)
  d'épaisseur, bien cuit

- Chauffer l'huile dans un poêlon moyen. Incorporer la farine et le cari et cuire 1 min.

- Verser le lait et, à l'aide d'une cuiller de bois ou un fouet métallique, remuer pour faire une sauce onctueuse.

- Peler et évider les pommes, puis les couper en dés. Ajouter au cari avec les raisins secs. Cuire 10 min à feu doux.

- Couper le jambon en cubes (enlever le gras et l'os au besoin) et l'ajouter aux autres ingrédients. Cuire 10 min de plus ou jusqu'à ce qu'il soit bien chaud.

115

Tartes et gâteaux
aux pommes

Tartes et gâteaux aux pommes

Qui peut résister à la tentation de savourer un bon morceau de tarte aux pommes? Des pommes fraîches, un peu de cannelle et de sucre, une pâte légère et le tour est joué ! Même si nous ne faisons plus autant de tartes que nos grands-mères, nous devons préserver cette tradition qui procure tant de réconfort. Si vous n'êtes pas à l'aise pour faire de la pâte à tarte, essayez les nombreuses recettes de gâteaux que je vous propose et qui rempliront votre cuisine d'odeurs alléchantes.

Tarte aux pommes traditionnelle

Voici ma recette de base qui peut varier selon les pommes que j'utilise.
Il m'arrive de prendre plusieurs variétés en même temps.
Vous pouvez rouler la pâte pour former un grand cercle,
la placer sur une plaque à pizza et la replier sur la garniture.
Un beau dessert en forme de demi-lune qui fera les délices de tous vos convives.

8 PORTIONS

Pâte à tarte pour une croûte double
de 22 ou 25 cm (9 ou 10 po)
70 g (¹/₄ tasse) de confiture d'abricots
ou de marmelade, fondue
5 grosses pommes (Ida Red, Jonathan,
Golden Delicious ou un mélange
de quelques variétés)
2 c. à soupe de jus de citron
120 g (¹/₂ tasse) de cassonade bien tassée
2 c. à soupe de farine tout usage
¹/₂ c. à café (¹/₂ c. à thé) de cannelle
¹/₄ c. à café (¹/₄ c. à thé) de muscade
I c. à soupe de beurre
I ¹/₂ c. à café (I ¹/₂ c. à thé) de lait
I c. à café (I c. à thé) de sucre cristallisé

- Préchauffer le four à 200 °C (400 °F) et graisser une assiette à tarte de 22 ou 25 cm (9 ou 10 po).

- Rouler la moitié de la pâte et la mettre au fond de l'assiette. Badigeonner avec la confiture fondue et garder dans le réfrigérateur.

- Peler et évider les pommes, puis les couper en tranches de 6 mm (¹/₄ po). Les mettre dans un bol et les mélanger avec le jus de citron.

- Mélanger la cassonade, la farine, la cannelle et la muscade.

- Étendre la moitié des tranches de pomme dans la croûte refroidie et les saupoudrer avec la moitié de la cassonade. Répéter les mêmes opérations avec les pommes et la cassonade restants. Couper le beurre en petits morceaux et les disperser sur les pommes.

- Rouler la pâte du dessus et en recouvrir l'assiette à tarte. Sceller les bords et faire 3 incisions au centre pour laisser s'échapper la vapeur.

- Badigeonner le dessus de la croûte avec le lait et saupoudrer de sucre.

- Cuire au centre du four de 50 à 60 min. Si le bord de la tarte brunit trop rapidement, la couvrir avec des lanières de papier d'aluminium. Laisser refroidir au moins 10 min avant de servir.

119

Tartelettes aux pommes et aux noix

Une recette idéale si vous n'avez pas beaucoup de temps mais que vous avez envie de servir une tarte aux pommes à votre famille et à vos amis. J'utilise de la pâte congelée ou des petits fonds à tartelettes congelés. Rapide mais délicieux !
On peut utiliser différentes variétés de noix et ajouter du zeste d'agrume râpé.
Servez ces tartelettes avec de la crème glacée à la vanille ou du yogourt congelé.

4 PORTIONS

1 feuille de pâte feuilletée congelée
1 boîte de 600 ml (21 oz) de garniture
  pour tarte aux pommes
60 g (½ tasse) de noix ou de pacanes,
  grillées
1 c. à café (1 c. à thé) de zeste d'orange,
  de lime ou de citron
45 g (¼ tasse) de raisins secs, gonflés
  dans du jus de pomme ou du brandy
  (facultatif)
2 c. à soupe de marmelade ou de confiture
  d'abricots

VARIANTES : On peut aussi utiliser des fonds de tartelettes congelés. Il suffit de les décongeler et de les faire cuire selon les indications inscrites sur le paquet. On les badigeonne de marmelade et on les remplit de garniture tel qu'indiqué dans la recette.

Si on veut préparer sa propre garniture, peler et évider 4 pommes, puis les couper en tranches. Faire sauter 10 min dans 2 c. à café (2 c. à thé) de beurre dans un poêlon couvert placé à feu moyen.

- Préchauffer le four à 190 °C (375 °F).

- Mettre la pâte feuilletée sur une surface légèrement farinée et la rouler pour obtenir un carré de 30 cm (12 po). Avec un petit couteau, un couteau à pizza ou à pâtisserie, couper la pâte en 4 carrés de 15 cm (6 po) que l'on posera sur une plaque à pâtisserie.

- Pincer les bords tout autour de chaque carré de manière à former des bords surélevés. Piquer la pâte à quelques reprises avec les dents d'une fourchette. Si la pâte semble trop molle, la mettre dans le congélateur quelques minutes pour la raffermir.

- Cuire au four de 10 à 15 min, jusqu'à ce que la pâte soit dorée et croustillante. Bien surveiller la cuisson. Si la pâte gonfle trop rapidement, la dégonfler avec le dos d'une cuiller. Retirer du four et mettre sur une assiette de service.

- Pendant la cuisson de la pâte, mélanger la garniture pour tarte aux pommes avec les noix et le zeste d'agrume. Ajouter les raisins secs si on le désire.

- Faire fondre la marmelade dans une petite casserole à feu doux.

- Étendre une cuillerée de marmelade au fond de chaque tartelette et remplir avec la garniture.

Trucs pour la cueillette

*Si vous souhaitez vous procurer les pommes les plus fraîches qui soient,
il faut les cueillir vous-même. Voici quelques conseils.*

- Téléphonez au verger que vous avez choisi afin de connaître les variétés qu'on y cultive.
  Demandez si vous pouvez y faire un pique-nique et informez-vous des autres activités
  offertes sur les lieux.

- Apportez vos sacs et vos paniers sauf si les propriétaires du verger insistent pour vous
  fournir les leurs.

- Cueillez les pommes en les faisant tourner d'un demi-tour dans un sens puis dans l'autre. Elles se détacheront facilement sans que les branches soient endommagées.

- Portez des manches longues et des pantalons pour éviter les éraflures et les piqûres
  d'abeilles. Les abeilles aiment tourner autour des pommes qui ont été endommagées par
  les oiseaux.

- Portez des bottes ou des chaussures confortables.

- Mettez de la crème solaire. Vous pourriez être surpris par les chauds rayons du soleil.

- Avant de mordre dans une pomme fraîchement
  cueillie, demandez aux propriétaires du verger s'ils
  utilisent des fongicides ou d'autres produits
  insecticides. Si c'est le cas, prenez soin de laver
  le fruit.

Tarte aux pommes et au fromage à la crème

Ce dessert au fromage et aux pommes irrésistible servi dans une croûte de tarte
est une trouvaille d'une amie de longue date qui me l'a servi
comme dessert d'anniversaire lorsque je suis arrivée en Amérique.

10 À 12 PORTIONS

120 g (½ tasse) de beurre
180 g (¾ tasse) de sucre cristallisé
1 c. à café (1 c. à thé) de jus de citron
180 g (1 tasse) de farine tout usage,
  tamisée
480 g (1 lb) de fromage à la crème
120 g (½ tasse) de cassonade
1 œuf
2 c. à café (2 c. à thé) d'extrait de vanille
2 grosses pommes (Cortland, Rome
  Beauty, Jonathan, Fuji)
1 c. à café (1 c. à thé) de cannelle moulue

- Dans un grand bol, mélanger ensemble le beurre, 60 g (¼ tasse) de sucre cristallisé et le jus de citron. Incorporer la farine et bien mélanger.

- Presser la pâte au fond et contre les parois (jusqu'à 3,75 cm/1 ½ po) d'un moule à parois amovibles de 22 cm (9 po). Garder dans le réfrigérateur.

- Préchauffer le four à 220 °C (425 °F).

- Mettre le fromage à la crème et la cassonade dans un bol. Remuer jusqu'à consistance légère. Ajouter l'œuf et la vanille. Battre jusqu'à consistance onctueuse.

- Peler et évider les pommes, puis les couper en tranches de 6 mm (¼ po).

- Dans un grand bol, mélanger le sucre cristallisé restant et la cannelle. Bien mélanger avec les pommes pour qu'elles soient parfaitement enrobées.

- Verser le fromage à la crème dans la croûte et couvrir avec des pommes.

- Cuire au four 15 min, réduire la température à 180 °C (350 °F) et cuire de 40 à 45 min de plus.

- Retirer du four et laisser refroidir sur une grille métallique. Décoller la pâte des parois du moule avec un couteau avant d'enlever celles-ci.

Tarte aux pommes à l'ancienne

La tarte aux pommes est un dessert toujours apprécié.
Essayez celle-ci, vous serez enchantés. Mes invités me demandent souvent la recette !

700 à 1000 g (1 $\frac{1}{2}$ à 2 lb) de pommes
   fermes
$\frac{1}{2}$ jus de citron
60 g ($\frac{1}{3}$ tasse) de raisins secs noirs ou
   dorés
1 croûte à tarte avec couverture de
   22 à 25 cm (9 à 10 po) de diamètre

GARNITURE

120 g ($\frac{1}{2}$ tasse) de sucre
60 g ($\frac{1}{4}$ tasse) de cassonade
1 c. à soupe de farine
$\frac{1}{4}$ c. à café ($\frac{1}{4}$ c. à thé) de muscade
$\frac{1}{4}$ c. à café ($\frac{1}{4}$ c. à thé) de cannelle
Zeste d'une demi-orange, râpé
Zeste d'un demi-citron, râpé
2 c. à soupe de jus d'orange
1 c. à soupe de beurre

PÂTE

360 g (2 tasses) de farine tout usage
1 c. à soupe de sucre
1 pincée de sel
160 g ($\frac{2}{3}$ tasse) de beurre, coupé en dés
1 jaune d'œuf
50 ml ($\frac{1}{4}$ tasse) d'eau glacée

- Préparer la pâte, la rouler en boule et la faire refroidir au moins 1 h.

- Chauffer le four à 200 °C (400 °F).

- Peler les pommes, les évider, les couper en tranches épaisses et les déposer dans de l'eau avec le jus de citron.

- Rouler la pâte en deux abaisses, foncer l'assiette avec une abaisse.

- Mêler le sucre blanc, la cassonade, la farine, les épices, saupoudrer l'abaisse avec 2 c. à soupe de ce mélange, appuyer légèrement avec les doigts pour faire adhérer à la pâte.

- Ajouter les zestes au reste du mélange.

- Égoutter les pommes.

- Placer un rang de pommes, déposer quelques raisins secs sur les pommes, saupoudrer quelques cuillerées du mélange sucre-épices.

- Répéter le processus jusqu'à ce que l'abaisse soit remplie.

- Parsemer de noisettes de beurre. Arroser de jus d'orange. Couvrir avec la deuxième abaisse. Tailler quelques incisions pour laisser évaporer la vapeur.

- Cuire au four chaud, sur la grille du bas, de 35 à 45 min ; la croûte sera dorée. Servir cette tarte chaude avec des lamelles de cheddar ou de la crème épaisse, si on le désire.

123

Tarte aux pommes et aux framboises

Les pommes et les framboises font bon mariage. Une union encore plus intéressante selon moi que les pommes et pêches, pommes et fraises ou pommes et canneberges.

8 PORTIONS

Pâte à tarte pour une croûte double
  (p. 132)
1 c. à soupe de confiture de framboises
1 paquet de 360 g (12 oz) de framboises congelées, décongelées et égouttées (réserver le jus)
1 ½ c. à soupe de fécule de maïs
60 g + 80 g (¼ tasse + ⅓ tasse) de sucre
45 g (¼ tasse) de farine tout usage
4 grosses pommes (Rome Beauty)

124

NOTE : Si on utilise des framboises fraîches, on aura besoin de 185 à 250 g (1 ½ à 2 tasses) de fruits + 125 ml (½ tasse) de jus de pomme ou de jus de pomme-framboise à l'étape 3.

- Préchauffer la four à 220 °C (425 °F). Beurrer une assiette à tarte de 22 ou 25 cm (9 ou 10 po).

- Rouler la moitié de la pâte et tapisser l'assiette à tarte. Étendre la confiture de framboises au fond. Garder dans le réfrigérateur.

- Verser le jus réservé des framboises dans une petite casserole. Incorporer la fécule de maïs et 60 g (¼ tasse) de sucre.

- Amener la fécule de maïs à ébullition à feu doux en remuant jusqu'à ce que le jus soit épais et onctueux. Retirer du feu, incorporer les framboises et laisser refroidir.

- Mélanger la farine avec 80 g (⅓ tasse) de sucre.

- Peler et évider les pommes, puis les couper en tranches de 6 mm (¼ po). Faire alterner des couches de pomme et de farine sucrée dans la croûte de tarte. Couvrir avec les framboises froides.

- Rouler la pâte restante et couvrir la tarte. Parer les côtés et faire 3 incisions au centre pour laisser s'échapper la vapeur.

- Cuire au four 15 min, réduire la chaleur à 180 °F (350 °F) et cuire de 30 à 40 min de plus, jusqu'à ce que la croûte soit dorée. Si le bord de la tarte brunit trop rapidement, la couvrir avec des lanières de papier d'aluminium. Laisser refroidir au moins 30 min avant de servir. Servir chaud avec de la Crème anglaise (p. 168) ou de la crème glacée à la vanille.

Tarte aux pommes et aux canneberges à la meringue

Avec sa garniture rosée et sa croûte meringuée légèrement dorée, cette tarte est digne des grandes célébrations.

8 PORTIONS

Pâte à tarte pour une croûte simple
  (p. 132)
1 blanc d'œuf, à la température ambiante,
  battu
3 pommes moyennes (Ida Red, Empire,
  Golden Delicious)
120 g (¹/₂ tasse) de cassonade
45 g (¹/₄ tasse) de farine tout usage
¹/₂ c. à café (¹/₂ c. à thé) de cannelle
  moulue
¹/₂ c. à café (¹/₂ c. à thé) de gingembre
  moulu
250 g (2 tasses) de canneberges fraîches
120 g (¹/₂ tasse) de sucre cristallisé

MERINGUE
3 blancs d'œufs, à la température
  ambiante
¹/₄ c. à café (¹/₄ c. à thé) de crème
  de tartre
120 g (¹/₂ tasse) de sucre cristallisé

- Préchauffer le four à 220 °C (425 °F). Graisser une assiette à tarte de 22 cm (9 po).

- Rouler la pâte et en tapisser l'assiette à tarte. Parer les côtés. Badigeonner le blanc d'œuf sur toute la surface de la pâte. Garder dans le réfrigérateur.

- Peler et évider les pommes, puis les couper en tranches de 6 mm (¹/₄ po). Les mettre dans un bol moyen. Dans un petit bol, mélanger avec la cassonade, la farine, la cannelle et le gingembre. Mélanger avec les pommes et verser dans la croûte.

- Mélanger les canneberges et le sucre cristallisé. Écraser légèrement les canneberges avec une fourchette. Étendre sur les pommes.

- Couvrir la garniture avec une feuille de papier d'aluminium et faire une incision de 12 mm (¹/₂ po) au centre pour laisser la vapeur s'échapper. Cuire 15 min au four. Réduire la chaleur à 180 °C (350 °F) et cuire 45 min de plus.

- Pour préparer la meringue, mettre les 3 blancs d'œufs et la crème de tartre dans un bol moyen. Avec le batteur électrique, battre jusqu'à consistance mousseuse. Ajouter lentement le sucre restant (2 c. à soupe à la fois) sans cesser de battre. Quand les blancs sont fermes, les étendre sur la garniture chaude jusqu'au bord de la croûte pour bien la sceller. Remettre la tarte au four à 180 °C (350 °F) de 12 à 15 min, jusqu'à ce qu'elle soit dorée. Laisser reposer au moins 30 min avant de servir.

125

Casserole aux pommes et aux mûres

*La garniture aux mûres est foncée et juteuse. Quand elle veut varier cette recette,
ma mère la transforme en croustade, ce qui prend beaucoup moins de temps
puisqu'on n'a pas à rouler la pâte.*

8 PORTIONS

5 grosses pommes (Granny Smith, Fuji)
240 g (1 tasse) de sucre
60 g (½ tasse) de mûres ou de mûres
  sauvages
Pâte à tarte pour une croûte simple
  (p. 132)
1 blanc d'œuf, battu

- Préchauffer le four à 200 °C (400 °F). Graisser une casserole ou un plat à soufflé de 2 litres (8 tasses).

- Peler et évider les pommes, puis les couper en tranches de 6 mm (¼ po). Étendre la moitié des tranches dans le plat de cuisson.

- Saupoudrer avec 120 g (½ tasse) de sucre. Couvrir avec les mûres et le sucre restant. Étendre la dernière couche de pommes.

- Rouler la pâte de manière qu'elle ait 3,75 cm (1 ½ po) de plus que le plat. Couvrir la garniture avec la pâte en faisant rentrer le surplus de pâte dans le plat. Presser fermement la pâte contre les parois du plat. Décorer les bords, si on le désire, avec les dents d'une fourchette.

- Faire 3 incisions dans la croûte et badigeonner avec le blanc d'œuf. Cuire au four 40 min ou jusqu'à ce que la pâte soit dorée. Si les bords commencent à brunir trop rapidement, les couvrir avec des lamelles de papier d'aluminium. Laisser la croustade refroidir avant de la servir avec de la Crème anglaise (p. 168).

NOTE : Cette tarte renferme beaucoup de jus parce qu'on n'y ajoute aucun féculent. Si l'on préfère une consistance plus épaisse, ajouter 3 c. à soupe de farine avec le sucre.

Tarte rosée

C'est ma tarte préférée ! Un vrai délice !

6 À 8 PORTIONS

1 abaisse de pâte à tarte de 22 à 25 cm
   (9 à 10 po)
1 kg (6 tasses) de pommes fermes pelées,
   tranchées
240 g (2 tasses) de canneberges fraîches
2 à 3 c. à soupe de beurre doux
240 g (1 tasse) de sucre
1 c. à soupe de jus de citron
1 c. à soupe de zeste de citron, râpé
1 à 3 c. à soupe de tapioca minute

GARNITURE
3 c. à soupe de beurre
120 g (½ tasse) de cassonade
90 g (1 tasse) d'avoine roulée
60 g (½ tasse) de noix, hachées

- Sauter les pommes dans le beurre mousseux, ajouter les canneberges et le sucre, mélanger et remuer le tout pour éviter que la préparation ne colle. Quand les pommes sont légèrement cuites, ajouter le jus et le zeste de citron ainsi que le tapioca, puis mêler à nouveau.

- Laisser refroidir l'appareil avant de le verser dans l'abaisse de pâte brisée dans une assiette à fond épais.

- Préparer la garniture et la saupoudrer sur le dessus de la tarte. Cuire au four à 200 °C (400 °F) pendant 20 min, couvrir d'une feuille d'aluminium et continuer la cuisson 15 min de plus. Servir tiède ou froid avec de la crème fraîche.

127

Tarte à l'avoine garnie aux pommes, aux fraises et à la rhubarbe

La croûte de cette tarte est composée de flocons d'avoine.
Le mélange de fruits et de céréales en fait un dessert très nourrissant.

8 PORTIONS

180 g (2 tasses) d'avoine roulée à
   l'ancienne
120 g (½ tasse) de cassonade
120 g (½ tasse) de beurre, fondu
180 g (¾ tasse) de sucre cristallisé
60 g (⅓ tasse) de farine tout usage
½ c. à café (½ c. à thé) de gingembre
   moulu
¼ c. à café (¼ c. à thé) de muscade
   moulue
2 pommes moyennes (Golden Delicious,
   Empire)
480 g (2 tasses) de rhubarbe, en tranches
250 g (2 tasses) de fraises entières,
   équeutées

- Préchauffer le four à 220 °C (425 °F). Beurrer une assiette à tarte de 25 cm (10 po).

- Dans un bol moyen, mélanger l'avoine, la cassonade et le beurre. Bien remuer.

- Presser deux tiers de ce mélange au fond et sur les côtés de l'assiette à tarte. Garder dans le réfrigérateur.

- Mélanger le sucre cristallisé, la farine, le gingembre et la muscade dans un grand bol.

- Peler et évider les pommes, puis les couper en tranches de 6 mm (¼ po).

- Mélanger les pommes, la rhubarbe et les fraises avec le mélange de farine et verser le tout dans l'assiette. Couvrir avec l'avoine restante.

- Cuire au four 15 min. Réduire la température à 190 °C (375 °F) et cuire 30 min de plus ou jusqu'à ce que la tarte soit dorée. Laisser refroidir avant de servir.

Tartelettes aux pommes et au fromage

Cette purée de pommes ressemble à une compote épaisse et onctueuse. Vous pouvez aussi acheter de la compote de pommes à l'épicerie et la faire cuire pour la rendre plus consistante. Je vous suggère aussi d'utiliser du beurre de pommes pour cette recette.

12 TARTELETTES

Pâte à tarte pour une croûte simple
 (p. 132)
4 grosses pommes (Granny Smith, Empire,
 Golden Delicious)
2 à 4 c. à soupe de sucre
$\frac{1}{2}$ c. à café ($\frac{1}{2}$ c. à thé) de muscade
 moulue
90 g ($\frac{3}{4}$ tasse) de cheddar, râpé

- Préchauffer le four à 180 °C (350 °F). Graisser 12 petits moules à muffins ou à tartelettes.

- Rouler la pâte pour obtenir un rectangle de 3 mm ($\frac{1}{8}$ po) d'épaisseur. Avec un couteau à pâtisserie de 8 cm (3 po), couper 12 cercles et en tapisser les moules. Presser la pâte contre le fond et les parois à l'aide d'une fourchette.

- Piquer le fond de chaque croûte avec une fourchette. Remplir chacune avec du papier d'aluminium chiffonné ou des haricots secs. Cuire au four 15 min. Enlever le papier d'aluminium ou les haricots et cuire 5 min de plus. Retirer du four et laisser refroidir sur une grille métallique.

- Peler et évider les pommes, puis les couper en tranches. Les mettre dans une casserole, couvrir et cuire doucement environ 20 min. Enlever le couvercle et cuire de 5 à 10 min de plus, jusqu'à évaporation de l'humidité.

- Ajouter le sucre et la muscade. Remuer jusqu'à consistance d'une purée épaisse. Laisser refroidir.

- Préchauffer le gril. Remplir les tartelettes refroidies avec la purée de pommes. Couvrir de cheddar et passer sous le gril 1 min pour faire fondre le fromage. Servir chaud ou froid.

129

Chausson aux pommes

J'aime l'apparence rustique de ce dessert qui peut être préparé rapidement.
Vous pouvez utiliser de la pâte phyllo ou de la pâte congelée si vous êtes pressé.
La garniture est très simple, mais vous pouvez y ajouter ½ c. à café (à thé) de muscade
et ½ c. à café (à thé) de gingembre moulu. N'hésitez pas aussi à remplacer le piment
de la Jamaïque par 1 c. à café (à thé) de cannelle. Je vous recommande
aussi l'ajout de zeste d'orange ou de citron râpé.

2 PORTIONS

3 pommes moyennes (McIntosh, Golden
 Delicious, Empire, Gala)
45 g (¼ tasse) de raisins secs
2 c. à soupe de miel
1 c. à café (1 c. à thé) de piment de
 la Jamaïque moulu
Pâte à tarte pour une croûte simple
 de 22 cm (9 po) (p. 132)
Lait
Sucre

- Préchauffer le four à 200 °C (400 °F). Graisser une grande plaque à pâtisserie.

- Peler et évider les pommes, puis les couper en tranches de 6 mm (¼ po).

- Dans un bol moyen, mélanger les pommes avec les raisins secs, le miel et le piment de la Jamaïque.

- Rouler la pâte pour obtenir un cercle de 25 cm (10 po) de diamètre environ.

- Verser la garniture aux pommes sur la moitié de la pâte en laissant un espace de 2,5 cm (1 po) tout autour. Replier l'autre moitié de la pâte par-dessus la garniture. Humecter les bords avec du lait et sceller. Foncer les bords avec les dents ou le manche d'une fourchette.

- Mettre le chausson sur la plaque à pâtisserie, badigeonner le dessus avec du lait et saupoudrer de sucre.

- Cuire au four 45 min. Servir chaud avec de la Crème anglaise (p. 168) ou de la crème épaisse.

Pizza aux pommes

La pâte est des plus simples, mais la mozzarella lui donne beaucoup de saveur.
Une pizza sucrée très spéciale.

8 PORTIONS

Pâte à tarte pour une croûte simple
  (p. 132)
5 grosses pommes (Winesap, Rome
  Beauty, Fuji, Jonagold)
60 g (½ tasse) de cheddar, de mozzarella
  ou de fromage suisse, râpé
120 g (½ tasse) de cassonade
60 g (½ tasse) de noix, hachées
½ c. à café (½ c. à thé) de cannelle
  moulue
½ c. à café (½ c. à thé) de muscade
  moulue
2 c. à soupe de beurre

- Préchauffer le four à 200 °C (400 °F). Graisser une plaque à pizza de 30 cm (12 po).

- Rouler la pâte pour obtenir un cercle de 32 cm (13 po) et la déposer sur la plaque à pizza. Façonner un bord tout autour de la pâte.

- Cuire au four 10 min.

- Peler et évider les pommes, puis les couper en tranches de 6 mm (¼ po). Mettre les pommes sur la croûte et couvrir avec le fromage râpé.

- Mélanger la cassonade, les noix, la cannelle et la muscade. Saupoudrer la pizza avec ce mélange.

- Couper le beurre en petits morceaux et parsemer sur la pizza.

- Cuire au four 20 min ou jusqu'à ce que les pommes soient tendres. Servir chaud.

131

Jus de pomme pour la cuisson

Le jus de pomme ajoute une douceur et une humidité naturelles aux plats cuits au four. Il peut aussi aider à réduire la teneur en gras de certains mets. Vos gâteaux seront plus moelleux et moins gras si vous leur en ajoutez une petite quantité. Remplacez le quart de la quantité de matière grasse requise pour votre recette par de la compote de pomme (ou d'un autre fruit). Avec le temps, vous oserez peut-être remplacer la moitié de la quantité de matière grasse recommandée par une même quantité de compote. Personnellement, je remplace 100 % du gras suggéré dans des recettes de pains et de muffins par du jus ou de la compote. Leur goût est encore plus savoureux et ils sont certainement plus tendres.

Pâte à tarte de base

Cette pâte à tarte de base est excellente. Si vous remplacez la graisse végétale par de la margarine, travaillez la pâte très rapidement et manipulez-la le moins possible puisque cette matière grasse ramollit très vite.

DONNE 2 CROÛTES À TARTE DE 22 CM (9 PO), 6 DUMPLINGS OU 8 À 10 CHAUSSONS DE 15 CM (6 PO)

450 g (2 ½ tasses) de farine tout usage, tamisée
6 c. à soupe de graisse végétale
6 c. à soupe de beurre
2 c. à soupe de sucre (facultatif ; utiliser si on veut une pâte sucrée)
6 c. à soupe d'eau glacée
Blanc d'œuf battu ou confiture ou gelée
Œuf battu ou lait
Sucre (facultatif)

- Tamiser la farine dans un bol moyen. Couper la graisse végétale et le beurre dans la farine avec deux couteaux ou un mélangeur à pâtisserie jusqu'à ce que le mélange ressemble à un mélange de miettes grossier. (Ajouter du sucre si on le désire.)

- Avec une fourchette, incorporer l'eau, 1 c. à soupe à la fois, jusqu'à ce que la pâte prenne la forme d'une boule. Si on utilise trop d'eau ou si l'on mélange trop, la croûte sera dure.

- Diviser la pâte en deux morceaux et les aplatir pour obtenir deux cercles de 15 cm (6 po) de diamètre. Envelopper la pâte dans du papier ciré (sulfurisé) et garder 30 min dans le réfrigérateur.

- Rouler un morceau de pâte pour obtenir un cercle de 30 cm (12 po) de diamètre et de 3 mm (⅛ po) d'épaisseur. Plier le cercle en deux et le déposer dans une assiette à tarte beurrée. Foncer la pâte en laissant dépasser un excédent de 2,5 cm (1 po) tout autour.

- Badigeonner la croûte avec du blanc d'œuf battu pour empêcher le fond de devenir trop humide. Garder dans le réfrigérateur pendant la préparation de la garniture.

- Rouler le deuxième morceau de pâte. Soulever délicatement et placer sur la garniture. Couper l'excédent de pâte au besoin. Sceller les deux croûtes. Canneler la pâte et faire deux ou trois incisions au centre. Badigeonner le dessus avec de l'œuf battu. Saupoudrer de sucre si on le désire. Cuire au four en suivant les indications de la recette choisie.

NOTE : Si la confiture est trop solide ou froide pour être tartinée, la faire fondre d'abord, puis la laisser refroidir avant de l'utiliser pour badigeonner la pâte.

Pâte à tarte au beurre

Cette pâte est tout aussi savoureuse que des petits sablés, regorgeant de beurre onctueux.

DONNE 1 GRANDE CROÛTE
OU 12 TARTELETTES

270 g (1 ½ tasse) de farine tout usage, tamisée
120 g (½ tasse) de beurre
1 c. à soupe de sucre (facultatif)
50 ml (¼ tasse) d'eau glacée
1 c. à café (1 c. à thé) de jus de citron

- Tamiser la farine dans un bol moyen. Couper le beurre dans la farine avec deux couteaux ou un mélangeur à pâtisserie, ou encore dans le robot de cuisine. (Ajouter du sucre si on le désire.)

- Avec une fourchette, incorporer l'eau et le jus de citron, 1 c. à soupe à la fois. Quand une boule se forme, cesser d'ajouter de l'eau. Aplatir la pâte, l'envelopper dans du papier ciré (sulfurisé) et la garder 30 min dans le réfrigérateur.

- Rouler la pâte sur une surface farinée de manière à obtenir un cercle de 30 cm (12 po). Plier le cercle en deux et le déposer dans une assiette à tarte.

- Foncer la pâte en laissant dépasser un excédent de 2,5 cm (1 po) tout autour. Pincer et canneler la pâte, puis la garder dans le réfrigérateur jusqu'au moment de l'utiliser.

- Pour cuire une croûte à tarte vide, piquer le fond et les côtés avec une fourchette pour laisser l'air s'échapper en cours de cuisson. Cuire dans un four préchauffé à 230 °C (450 °F) pensant 10 min (précuisson) ou 20 min (cuisson complète).

VARIANTE : Croûte de blé entier

Remplacer 90 g (½ tasse) de farine tout usage par 50 g (⅓ tasse) de farine de blé entier et ajouter un tout petit peu plus d'eau si nécessaire.

Pouding au pain et aux pommes

Excellent dessert d'automne qui rappelle un peu notre bagatelle d'antan.

6 PORTIONS

300 g (2 tasses) de chapelure fraîche
  (environ 9 à 10 tranches de pain blanc
  de campagne)
5 c. à soupe de beurre doux
135 g (³/₄ tasse) d'avoine roulée
720 g (4 tasses) de compote de pommes
  assez épaisse
250 ml (1 tasse) de confiture
  aux framboises ou aux groseilles

GARNITURE CRÈME CHANTILLY
250 ml (1 tasse) de crème à 35 %
2 c. à soupe de sucre
¹/₂ c. à café (¹/₂ c. à thé) de vanille

- Chauffer le four à 160 °C (325 °F).

- Émietter le pain avec la croûte dans la jarre du robot électrique afin d'obtenir une chapelure assez fine.

- Fondre le beurre à feu moyen dans une poêle à fond épais, dorer la chapelure et l'avoine roulée dans le beurre chaud, brasser sans arrêt pour éviter que le pain brûle.

- Dans un moule transparent (pyrex), étendre une tasse de chapelure dorée, couvrir avec 500 ml (2 tasses) de compote de pommes tiède et 125 ml (¹/₂ tasse) de confitures. Recommencer le processus et saupoudrer le restant de chapelure sur le dessus.

- Cuire au centre du four chaud environ 30 min ou jusqu'à ce que le dessus soit doré.

- Servir le pouding tiède avec la crème Chantilly très légèrement sucrée.

Compote

Préparer la compote de pommes avec 1 kg (2 ¹/₂ lb) de pommes (Lobo, McIntosh,
Empire) – 8 grosses, pelées et coupées en quartiers. Les sauter dans un peu de beurre doux,
arroser de jus de citron et sucrer légèrement avec 80 g (¹/3 tasse) de sucre.
Cuire à feu moyen sans cesser de remuer pour laisser épaissir la compote sans qu'elle ne colle.
On peut diminuer les quantités de sucre au goût.

Gâteau au chocolat et à la compote de pommes

*Ce gâteau est moelleux et riche. Si la compote de pommes est trop liquide,
il ressemblera davantage à un pouding. Si vous faites votre propre compote,
assurez-vous qu'elle contient plus de pommes que de liquide,
sinon réduisez-la pour en obtenir 90 g (½ tasse).*

20 PORTIONS

2 ou 3 biscuits graham, émiettés
240 g (8 oz) de chocolat mi-sucré
360 g (1 ½ tasse) de cassonade foncée
240 g (1 tasse) de beurre, ramolli
4 œufs
270 g (1 ½ tasse) de farine tout usage, tamisée
2 c. à soupe de poudre de cacao non sucrée
2 c. à café (2 c. à thé) de levure chimique
1 c. à café (1 c. à thé) de bicarbonate de soude
½ c. à café (½ c. à thé) de cannelle moulue
270 g (1 ½ tasse) de compote de pommes

- Graisser un moule à parois amovibles de 22 cm (9 po) et le fariner avec les miettes de biscuits graham.

- Mettre le chocolat dans un petit bol résistant à la chaleur et le mettre dans le four. Régler la température à 180 °C (350 °F) et retirer le bol du four après 10 min. Il finira de fondre dans le bol chaud sorti du four.

- Mélanger la cassonade et le beurre jusqu'à consistance légère. Ajouter les œufs, un à la fois. Bien battre. Incorporer le chocolat sans cesser de battre.

- Tamiser ensemble la farine, le cacao, la levure chimique, le bicarbonate de soude et la cannelle.

- Incorporer environ 125 ml (½ tasse) de la farine et 90 g (½ tasse) de compote de pommes dans le mélange de beurre-cassonade. Mélanger avec le reste du mélange de farine. Ne pas cesser de mélanger tant que la pâte n'est pas homogène.

- Verser la pâte dans le moule graissé. Cuire au four 1 h 10 min ou jusqu'à ce qu'une brochette insérée au centre ressorte propre.

- Laisser reposer le gâteau dans le moule posé sur une grille métallique. Le gâteau se contractera. Décoller les côtés des parois du moule avant d'enlever celles-ci. Laisser refroidir complètement avant de servir.

Gâteau aux pommes et au citron

Ma tante Kath servait toujours le thé avec ce gâteau au citron.
Elle a eu l'heureuse idée de me donner la recette.

15 À 20 PORTIONS

3 pommes moyennes
1 citron moyen
240 g (1 tasse) de beurre, fondu
125 ml (½ tasse) d'huile végétale
3 œufs
480 g (2 tasses) de sucre
540 g (3 tasses) de farine tout usage,
   tamisée
1 c. à café (1 c. à thé) de levure chimique
1 c. à café (1 c. à thé) de bicarbonate
   de soude
120 g (1 tasse) de pacanes, hachées

GLACE
180 g (1 tasse) de sucre glace
2 c. à soupe de beurre, ramolli
3 c. à soupe de jus de citron
1 c. à café (1 c. à thé) de zeste de citron,
   râpé
1 c. à soupe de miel

- Préchauffer le four à 180 °C (350 °F). Graisser et fariner un moule à cheminée de 25 cm (10 po).

- Peler, évider et hacher les pommes. Les mettre dans un bol.

- Râper le zeste de citron et réserver.

- Presser le jus du citron au-dessus des pommes et bien remuer.

- Verser le beurre dans un grand bol. Ajouter l'huile et incorporer les œufs, un à la fois. Incorporer le sucre et 3 c. à café (3 c. à thé) de zeste de citron.

- Tamiser ensemble la farine, la levure chimique et le bicarbonate de soude. Verser dans le bol précédent.

- Incorporer les pacanes et les pommes.

- Verser la pâte dans le moule et cuire au four 1 h 20 min ou jusqu'à ce qu'une brochette insérée au centre ressorte propre.

- Retirer du four et laisser refroidir 10 min dans le moule. Renverser le gâteau sur une grille métallique. Piquer le dessus du gâteau avec les dents d'une fourchette.

- Pour préparer la glace, tamiser le sucre glace dans un petit bol et incorporer en battant le beurre, le jus de citron, le zeste de citron et le miel. Napper le gâteau chaud.

Pain aux épices à la compote de pommes

*Voici l'un de mes desserts préférés. Selon la consistance de la compote,
ce pain d'épices peut parfois ressembler davantage à un pouding.
Si votre compote est trop liquide, n'en mettez que 120 g (²/₃ tasse)
pour obtenir un pain plus ferme.*

9 nov. 08
Délicieux!

18 PORTIONS

240 g (1 tasse) de beurre { *2 bâtons* *½ lb*
240 g (1 tasse) de cassonade
125 ml (½ tasse) de mélasse
2 œufs
180 g (1 tasse) de compote de pommes
360 g (2 tasses) de farine tout usage
2 c. à café (2 c. à thé) de bicarbonate
   de soude
2 c. à café (2 c. à thé) de gingembre
   moulu
1 c. à café (1 c. à thé) de cannelle moulue

- Préchauffer le four à 180 °C (350 °F). Graisser et fariner un plat de cuisson de 22 x 32 cm (9 x 13 po).

- Faire fondre le beurre à feu doux. Verser dans un bol moyen.

- Incorporer en battant la cassonade et la mélasse. Ajouter les œufs, un à la fois, et battre.

- Incorporer la compote de pommes en battant.

- Tamiser la farine, le bicarbonate de soude, le gingembre et la cannelle dans la compote de pommes. Bien remuer.

- Verser dans le plat de cuisson et cuire au four 35 min ou jusqu'à ce qu'une fourchette insérée au centre ressorte propre.

- Retirer du four et laisser refroidir 5 min. Renverser le pain d'épices sur une grille métallique et laisser refroidir complètement.

- Servir avec de la crème fouettée ou de la crème glacée à la vanille si on le désire.

"C cris'men BON! sti.

137

Kuchen aux pommes

*Si vous avez peu de temps, utilisez un mélange à gâteau vendu dans le commerce
pour remplacer la farine, le sucre, la levure chimique et le beurre.
Ajoutez ensuite les liquides, les pommes, les pacanes.*

12 PORTIONS

225 g (1 ¼ tasse) de farine tout usage
120 g (½ tasse) de sucre
1 ½ c. à café (1 ½ c. à thé) de levure
   chimique
4 c. à soupe de beurre
1 œuf
50 ml (¼ tasse) de jus de pommes brut
   ou ordinaire
2 c. à café (2 c. à thé) d'extrait de vanille
2 grosses pommes (Fuji, Ida Red,
   Cortland, Rome Beauty)
60 g (½ tasse) de pacanes, coupées
   en deux

GLACE
4 c. à soupe de beurre
90 g (¼ tasse) de miel

- Préchauffer le four à 200 °C (400 °F). Graisser un plat de cuisson de 22 x 33 cm (9 x 13 po).

- Dans un bol moyen, mélanger la farine, le sucre et la levure chimique. Couper le beurre dans la farine avec deux couteaux ou un mélangeur à pâtisserie jusqu'à l'obtention de miettes grossières.

- Battre ensemble l'œuf, le jus de pomme et la vanille. Incorporer à la farine.

- Verser la pâte dans le plat de cuisson.

- Peler et évider les pommes, puis les couper en tranches de 12 mm (½ po). Mettre les pommes sur la pâte.

- Parsemer le dessus avec les pacanes.

- Pour préparer la glace, faire fondre le beurre et le miel dans une petite casserole. Verser sur les pommes et les pacanes.

- Cuire au four 35 min. Servir chaud.

138

Glace à la cannelle

Pour obtenir une glace originale, mélanger 240 g (8 oz) de fromage à la crème ramolli,
120 g (½ tasse) de beurre fondu, 180 g (1 tasse) de sucre glace, 2 c. à soupe de jus de pomme
et 1 c. à café (1 c. à thé) de cannelle moulue dans un grand bol.
Battre jusqu'à consistance légère. Utiliser pour napper des gâteaux et des pains aux fruits.

Petits gâteaux aux pommes et à l'avoine

*Ces petits gâteaux sont tellement nutritifs
qu'ils peuvent remplacer les muffins à l'heure du petit-déjeuner.*

24 PETITS GÂTEAUX

120 g (½ tasse) de beurre, ramolli
120 g (½ tasse) de cassonade
190 g (½ tasse) de miel
180 g (1 tasse) de compote de pommes
2 œufs
180 g (1 tasse) de farine tout usage,
   tamisée
90 g (1 tasse) d'avoine roulée
   à l'ancienne
75 g (½ tasse) de farine de blé entier
1 ½ c. à café (1 ½ c. à thé) de levure
   chimique
1 c. à café (1 c. à thé) de piment de la
   Jamaïque moulu
1 c. à café (1 c. à thé) de bicarbonate
   de soude

GLACE AUX POMMES (FACULTATIF)

2 c. à café (2 c. à thé) de fécule de maïs
125 ml (½ tasse) de jus de pomme brut
   ou ordinaire
125 ml (½ tasse) de concentré de jus
   de pomme congelé
½ c. à café (½ c. à thé) de cannelle
   moulue
45 g (¼ tasse) de sucre glace (facultatif)

- Préchauffer le four à 190 °C (375 °F). Tapisser 24 moules à muffins avec des moules en papier.

- Dans un bol moyen, mélanger ensemble le beurre et la cassonade. Incorporer le miel, la compote de pommes et les œufs.

- Mélanger ensemble les farines, l'avoine, la levure chimique, le piment de la Jamaïque et le bicarbonate de soude. Verser dans la compote de pommes.

- Remplir les moules à moitié. Cuire au four 20 min ou jusqu'à ce qu'une brochette insérée au centre d'un gâteau ressorte propre. Démouler et laisser refroidir sur une grille métallique. Napper avec la glace aux pommes si on le désire.

- Pour préparer la glace aux pommes, mélanger la fécule de maïs avec une goutte de jus de pomme pour obtenir une purée onctueuse. Verser le reste du jus de pomme dans une petite casserole et incorporer le mélange de fécule de maïs.

- Chauffer à feu doux, sans cesser de remuer, jusqu'à consistance épaisse et onctueuse. Incorporer le concentré de jus de pomme et la cannelle. Retirer du feu. Pour obtenir une glace plus sucrée, ajouter du sucre glace.

- Laisser refroidir légèrement et verser à la cuiller sur les petits gâteaux ou sur un gâteau chaud.

139

Desserts
aux pommes

Desserts aux pommes

Si vous avez envie de recueillir toutes les recettes de desserts aux pommes qui sont disponibles, vous avez de quoi perdre la raison. À mon avis, seule une encyclopédie pourrait rendre justice à la créativité extraordinaire qui existe dans ce domaine. Après avoir essayé un nombre incalculable de recettes, je reste fidèle aux plus traditionnelles : croquants, croustades, poudings, tartes, etc. Mais quand j'ai un esprit un peu plus audacieux, je me permets de faire un plat un peu plus sophistiqué. Dites-moi, qui pourrait résister à une crêpe ou à un soufflé aux pommes ?

Pommes au caramel

Ces pommes ne sont pas destinées exclusivement aux tout-petits le soir de l'Halloween.
Servez-les pour les fêtes, les anniversaires et les occasions spéciales.
Vous verrez… les adultes en raffolent eux aussi !

DONNE DE 10 À 12 POMMES

10 à 12 petites pommes (Pink Lady, McIntosh, Honeycrisp, Ginger Gold, Cameo)

10 à 12 bâtonnets de bois

120 g (1 tasse) de noix, hachées (pacanes, noix ou arachides), grillées

90 g (½ tasse) de grains de chocolat, hachés

120 g (½ tasse) de beurre

480 g (2 tasses) de cassonade

1 boîte de 412 ml (15 oz) de lait condensé sucré

250 ml (1 tasse) de sirop de maïs

2 c. à café (2 c. à thé) d'extrait de vanille

1 c. à café (1 c. à thé) de cannelle moulue

- Laver et bien essuyer les pommes. Enlever les queues et faire une petite fente sur le dessus avec un petit couteau bien affûté. Insérer les bâtonnets dans la fente.

- Mélanger les noix et le chocolat sur une grande feuille de papier ciré (sulfurisé). Réserver sur une surface de travail. Placer une autre feuille de papier ciré (sulfurisé) juste à côté.

- Faire fondre le beurre à feu doux dans une casserole de 2 à 3 litres (8 à 12 tasses). Incorporer la cassonade, le lait et le sirop de maïs. Cuire à feu moyen, en remuant souvent, jusqu'à ce que le thermomètre à bonbons atteigne 120 °C (245 °F). Retirer du feu, puis incorporer la vanille et la cannelle.

- Plonger les pommes dans le caramel chaud en prenant soin de bien les enrober. Si l'on préfère, on peut aussi les enrober uniformément avec une cuiller ou une spatule.

- Pendant que l'enrobage est encore chaud, rouler les pommes dans les noix et le chocolat. Ranger les pommes enrobées sur la feuille de papier ciré (sulfurisé) pour les laisser refroidir une vingtaine de minutes.

143

Biscuits aux pommes et à la mélasse

Tout ce qui goûte la mélasse et le gingembre me rappelle mon enfance.
Les biscuits au chocolat et les barres tendres n'étant pas très populaires chez moi
à l'heure du goûter, je me suis surtout régalée de biscuits au gingembre.
Ma mère disait qu'ils étaient bons pour la santé parce qu'ils contenaient
de la mélasse, une excellente source de fer.

DONNE ENVIRON **40** BISCUITS

540 g (3 tasses) de farine tout usage, tamisée

1 ½ c. à café (1 ½ c. à thé) de gingembre moulu

1 c. à café (1 c. à thé) de bicarbonate de soude

½ c. à café (½ c. à thé) de muscade moulue

240 g (1 tasse) de beurre, ramolli

240 g (1 tasse) de cassonade

2 œufs

125 ml (½ tasse) de mélasse

50 ml (¼ tasse) de jus de pomme brut ou ordinaire

- Dans un bol moyen, mélanger ensemble la farine, le gingembre, le bicarbonate de soude et la muscade.

- Dans un grand bol, mélanger ensemble le beurre et le sucre. Ajouter les œufs et bien battre.

- Incorporer la mélasse et le jus de pomme sans cesser de battre.

- Incorporer les ingrédients secs et battre jusqu'à consistance onctueuse.

- Couvrir et garder environ 1 h dans le réfrigérateur.

- Préchauffer le four à 190 °C (375 °F). Graisser deux grandes plaques à pâtisserie.

- Avec une cuiller à soupe, jeter la pâte sur la plaque en laissant un espace de 5 cm (2 po) entre les biscuits. Cuire au four 10 min ou jusqu'à ce que le bord des biscuits brunisse légèrement. Enlever les biscuits des plaques et les laisser refroidir sur une grille métallique.

144

Carrés aux pommes à la cannelle

Le mariage pommes-cannelle est assurément l'un des plus réussis.
Si vous aimez la cannelle, cette recette fera votre bonheur.

DONNE 16 CARRÉS

120 g + 2 c. à soupe (½ tasse
 + 2 c. à soupe) de beurre
180 g (¾ tasse) de cassonade
2 œufs
2 c. à café (2 c. à thé) d'extrait de vanille
50 g (⅓ tasse) de farine de blé entier
120 g (⅔ tasse) de farine tout usage,
 tamisée
2 c. à soupe + 1 ½ c. à café (2 c. à soupe
 + 1 ½ c. à thé) de cannelle moulue
1 c. à café (1 c. à thé) de levure chimique
½ c. à café (½ c. à thé) de bicarbonate
 de soude
1 grosse pomme (Rome Beauty, Jonagold,
 Fuji)
90 g (½ tasse) de raisins secs ou
 de canneberges séchées
120 g (½ tasse) de sucre cristallisé

- Préchauffer le four à 180 °C (350 °F). Graisser et fariner un plat de cuisson carré de 20 x 20 cm (8 x 8 po).

- Faire fondre 120 g (½ tasse) de beurre dans une casserole de 2,5 litres (10 tasses). Retirer du feu et incorporer la cassonade.

- Incorporer les œufs, un à la fois. Ajouter la vanille.

- Incorporer la farine de blé entier. Dans la même casserole, tamiser la farine tout usage, 1 ½ c. à café (1 ½ c. à thé) de cannelle, la levure chimique et le bicarbonate de soude. Remuer.

- Peler et évider la pomme, puis la couper en dés. Mélanger avec la pâte, ajouter les raisins secs et remuer encore une fois. Verser dans le plat de cuisson.

- Mélanger la cannelle restante et le sucre cristallisé. Saupoudrer sur la pâte.

- Faire fondre le beurre restant et arroser la cannelle et le sucre.

- Cuire au four 30 min ou jusqu'à ce qu'une brochette insérée au centre ressorte propre. Retirer du feu et laisser reposer le plat sur une grille métallique. Couper en carrés.

145

Carrés aux pommes et aux dattes

*Vous pouvez remplacer les dattes par d'autres fruits secs
(raisins secs, canneberges, bleuets ou cerises).
N'hésitez pas à mélanger différents fruits secs pour cette recette.*

DONNE 16 CARRÉS

240 g (1 tasse) de cassonade
120 g (½ tasse) de beurre, ramolli
2 œufs
180 g (1 tasse) de farine tout usage,
  tamisée
1 c. à café (1 c. à thé) de cannelle moulue
½ c. à café (½ c. à thé) de levure
  chimique
½ c. à café (½ c. à thé) de bicarbonate
  de soude
¼ c. à café (¼ c. à thé) de clou de girofle
  moulu
¼ c. à café (¼ c. à thé) de muscade
  moulue
1 grosse pomme (Mutsu/Crispin, Fuji,
  Jonathan, Winesap)
180 g (1 tasse) de dattes, hachées
60 g (½ tasse) de noix, hachées

- Préchauffer le four à 180 °C (350 °F). Graisser et fariner un plat de cuisson carré de 20 x 20 cm (8 x 8 po).

- Dans un bol moyen, mélanger ensemble la cassonade et le beurre jusqu'à consistance légère.

- Incorporer les œufs, un à la fois.

- Incorporer en tamisant la farine, la cannelle, la levure chimique, le bicarbonate de soude, le clou de girofle et la muscade. Bien remuer.

- Peler, évider et hacher la pomme. Incorporer les pommes, les dattes et les noix à la pâte. Verser dans le plat de cuisson.

- Cuire au four 30 min ou jusqu'à ce qu'une brochette insérée au centre ressorte propre. Retirer du feu et laisser reposer dans le plat placé sur une grille métallique. Couper en carrés.

Compote de pommes sucrée

Un dessert complet en soi.
Pourquoi voudrait-on y ajouter quoi que ce soit ?

DONNE ENVIRON 1,4 LITRE (5 ½ TASSES)

10 pommes moyennes (toutes variétés sauf Red Delicious et autres variétés estivales)
3 c. à soupe de jus de pomme brut ou ordinaire
125 g (⅓ tasse) de miel ou 120 g (½ tasse) de cassonade
3 c. à soupe de beurre
½ c. à café (½ c. à thé) de cannelle moulue
½ c. à café (½ c. à thé) de gingembre moulu

• Peler et évider les pommes, puis les couper en quartiers. Les mettre dans une grande casserole avec le jus de pomme.

• Couvrir la casserole et laisser mijoter environ 30 min ou jusqu'à ce que les pommes soient tendres. Réduire en purée dans le mélangeur ou le robot de cuisine.

• Incorporer le miel, le beurre, la cannelle et le gingembre dans la purée chaude.

147

Valeur nutritive
d'une pomme crue de 138 g (5 oz) et de 7 cm (2 ¾ po) (avec pelure)

Eau	83,93 %	Sodium	0,00
Calories	81	Potassium	158,7 mg
Protéines	0,262 g	Vitamine A	73,14 U.I.
Gras	0,8 g	Vitamine B6	0,066 mg
Glucides	21,045 g	Thiamine	0,023 mg
Calcium	9,66 mg	Riboflavine	0,019 mg
Phosphore	9,66 mg	Niacine	0,106 mg
Fer	0,248 mg	Vitamine C	7,866 mg

* 3 pommes de 7 cm (2 ¾ po) = environ 480 g (1 lb). Source : U.S.D.A. Nutrient Database for Standard Reference, n° 13, novembre 1999.

Très bons !
13-11-2010

Brownies aux pommes

Un jour ma fille Wendy a rapporté de l'école un brownie que son professeur lui avait offert. Il était tellement bon que j'ai demandé la recette qui figure parmi mes préférées aujourd'hui encore.

16 PORTIONS

240 g (1 tasse) de sucre

120 g (½ tasse) de beurre à la température ambiante

1 œuf

180 g (1 tasse) de farine tout usage tamisée

1 ½ c. à café (1 ½ c. à thé) de levure chimique

½ c. à café (½ c. à thé) de bicarbonate de soude

½ c. à café (½ c. à thé) de cannelle moulue

¼ c. à café (¼ c. à thé) de muscade moulue

1 grosse pomme (Rome Beauty, Fuji, Mutsu/Crispin, Jonagold) *en dés*

90 g (¾ tasse) de noix, hachées

1 c. à café (1 c. à thé) d'extrait de vanille

- Préchauffer le four à 180 °C (350 °F). Graisser et fariner un plat de cuisson carré de 20 x 20 cm (8 x 8 po).

- Mélanger ensemble le sucre et le beurre dans un bol moyen.

- Incorporer l'œuf en battant.

- Dans un autre bol, mélanger la farine, la levure chimique, le bicarbonate de soude, la cannelle et la muscade. Incorporer à la pâte.

- Peler et évider la pomme, puis la couper en dés. Ajouter à la pâte avec les noix et la vanille. Bien remuer.

- Verser dans le plat de cuisson et cuire au four 30 min ou jusqu'à ce qu'une brochette insérée au centre ressorte propre. Retirer du feu et laisser reposer le plat sur une grille métallique. Couper en carrés.

Croustade aux pommes et à l'érable

Si bonne et si facile à préparer, cette recette vous prendra 10 minutes de préparation en moins si vous remplacez les pommes fraîches par de la garniture aux pommes en conserve.

6 À 8 PORTIONS

60 g (1 tasse) de granola

45 g (½ tasse) d'avoine roulée
à l'ancienne

120 g (½ tasse) de cassonade foncée

60 g (½ tasse) de noix ou de pacanes,
hachées

1 c. à café (1 c. à thé) de cannelle moulue

120 g (½ tasse) de beurre

4 grosses pommes (Winesap, Ida Red,
Northern Spy, Braeburn)

75 ml (⅓ tasse) de sirop d'érable

1 c. à soupe de jus de citron

- Préchauffer le four à 200 °C (400 °F). Graisser une plat de cuisson profond de 2 litres (8 tasses).

- Dans un bol moyen, mélanger le granola, l'avoine, la cassonade, les noix et la cannelle. Avec les doigts, mélanger le beurre dans ces ingrédients.

- Peler et évider les pommes, puis les couper en tranches de 6 mm (¼ po). Les mettre au fond du plat de cuisson et les couvrir avec le sirop d'érable et le jus de citron.

- Couvrir complètement avec le mélange de granola et cuire au four 40 min ou jusqu'à ce que les pommes soient tendres quand on les perce. Servir chaud avec de la crème glacée, si on le désire.

Croustade aux pommes et aux mûres

8 PORTIONS

4 grosses pommes (Rome Beauty,
   Winesap, Ida Red)
185 à 250 g (1 ½ à 2 tasses) de mûres
120 g (½ tasse) de sucre cristallisé
180 g + 2 c. à soupe (1 tasse
   + 2 c. à soupe) de farine tout usage
120 g (½ tasse) de cassonade
1 c. à café (1 c. à thé) de cannelle
120 g (½ tasse) de beurre

- Préchauffer le four à 200 °C (400 °F) et beurrer une casserole profonde de 2 litres (8 tasses).

- Peler et évider les pommes, puis les couper en tranches de 6 mm (¼ po). Les mettre au fond du plat de cuisson avec les mûres.

- Mélanger le sucre cristallisé et 2 c. à soupe de farine. Mélanger avec les fruits.

- Dans un bol moyen, mélanger ensemble la farine restante, la cassonade et la cannelle. Mélanger avec le beurre jusqu'à l'obtention de miettes grossières.

- Parsemer sur les fruits et cuire au four 30 min ou jusqu'à ce que les miettes soit dorées. Servir chaud avec de la Crème anglaise (p. 168) ou de la crème épaisse.

Pommes « Bonne femme »

Si vous utilisez le four, profitez-en pour cuire quelques pommes pour le dessert ; facile et vite fait.

4 PORTIONS

150

4 pommes fermes
3 c. à soupe de beurre doux
2 à 3 c. à soupe de sucre
45 à 80 g (¼ à ⅓ tasse) de raisins secs
75 à 125 ml (⅓ à ½ tasse) de miel ou de
   sirop d'érable
50 ml (¼ tasse) d'eau ou de cidre

- Trancher le haut de la pomme pour faire un couvercle.

- Évider la pomme avec un arrache-cœur. Remplir la cavité avec un mélange de beurre, sucre et raisins. Arroser de miel ou de sirop d'érable. Replacer le couvercle.

- Placer les pommes dans un plat allant au four, ajouter un peu d'eau ou de cidre semi-doux.

- Cuire au four à 180 °C (350 °F) de 15 à 20 min environ ; les arroser à quelques reprises. Servir les pommes un peu fermes.

Croustade aux pommes et à la rhubarbe

Un pur bonheur qui permet de mettre la rhubarbe en valeur de manière tout à fait originale.

8 PORTIONS

4 pommes moyennes (McIntosh, Golden Delicious)
480 g (2 tasses) de rhubarbe, en morceaux de 2,5 cm (1 po)
180 g + 2 c. à soupe (³/₄ tasse + 2 c. à soupe) de sucre
¹/₂ c. à café (¹/₂ c. à thé) de cannelle moulue
¹/₂ c. à café (¹/₂ c. à thé) de gingembre moulu
¹/₄ c. à café (¹/₄ c. à thé) de clou de girofle moulu
180 g (1 tasse) de farine tout usage
1 ¹/₂ c. à café (1 ¹/₂ c. à thé) de levure chimique
3 c. à soupe de beurre
125 ml (¹/₂ tasse) de lait
2 c. à café (2 c. à thé) d'extrait de vanille

- Préchauffer le four à 200 °C (400 °F). Graisser un plat de cuisson de 2 litres (8 tasses).

- Peler et évider les pommes, puis les couper en tranches de 12 mm (¹/₂ po). Les mettre dans une casserole avec la rhubarbe, 180 g (³/₄ tasse) de sucre, la cannelle, le gingembre et le clou de girofle. Couvrir et cuire environ 10 min à feu doux, en remuant une ou deux fois en cours de cuisson. Les pommes doivent être tendres sans se défaire.

- Dans un bol moyen, tamiser la farine et la levure chimique. Ajouter le sucre restant. Couper le beurre dans les ingrédients secs jusqu'à formation de miettes grossières.

- Incorporer le lait et la vanille et remuer légèrement, sans exagération.

- Verser le mélange pommes-rhubarbe dans le plat de cuisson. Avec une cuiller, verser la pâte sur le dessus.

- Cuire au four de 25 à 30 min, jusqu'à ce que la croustade soit dorée. Servir chaud avec de la Crème anglaise (p. 168) ou de la crème fouettée.

Croustade aux pommes et aux abricots

Une croustade est un dessert à mi-chemin entre le cake et la pâte à biscuits.
Sa texture est légèrement croustillante. Celle-ci est l'une de mes préférées
à cause du jus d'orange qui rehausse agréablement son goût.

8 PORTIONS

180 g (1 tasse) d'abricots secs

125 ml (½ tasse) de jus d'orange

5 grosses pommes (Jonagold, Fuji, Braeburn, Gala ou un mélange de quelques variétés)

120 g + 1 c. à soupe (½ tasse + 1 c. à soupe) de cassonade

½ c. à café (½ c. à thé) de piment de la Jamaïque moulu

¼ c. à café (¼ c. à thé) de clou de girofle moulu

¼ c. à café (¼ c. à thé) de gingembre moulu

180 g (¾ tasse) de beurre, ramolli

180 g (¾ tasse) de sucre cristallisé

2 œufs

1 c. à soupe d'extrait de vanille

270 g (1 ½ tasse) de farine tout usage, tamisée

2 c. à café (2 c. à thé) de levure chimique

- Couper les abricots en deux, les mettre dans une casserole moyenne et les couvrir avec le jus d'orange.

- Préchauffer le four à 190 °C (375 °F). Graisser un plat de cuisson de 2 à 2,5 litres (8 à 10 tasses).

- Peler et évider les pommes, puis les couper en tranches de 6 mm (¼ po). Ajouter les abricots, 120 g (½ tasse) de cassonade, le piment de la Jamaïque, le clou de girofle et le gingembre. Bien remuer et laisser mijoter 10 min.

- Dans un bol moyen, battre le beurre et le sucre cristallisé jusqu'à consistance légère. Incorporer les œufs, un à la fois. Incorporer la vanille.

- Incorporer la farine et la levure chimique dans le bol contenant les œufs et bien remuer jusqu'à consistance homogène.

- Verser les fruits dans le plat de cuisson et couvrir avec la pâte. Saupoudrer avec la cassonade restante.

- Cuire au four 40 min ou jusqu'à ce que le dessus soit doré.

Sauce au calvados

Cette sauce rehaussera vos croustades et plusieurs autres délices cuits au four.

Donne environ 625 ml (2 tasses)

360 g (2 tasses) de sucre glace
120 g (½ tasse) de beurre, ramolli
2 c. à soupe de calvados

- Mélanger ensemble le sucre glace, le beurre et le calvados jusqu'à consistance légère. Garder 2 h dans le réfrigérateur avant de servir.

Brownies à la compote de pommes

La compote de pommes ajoute une touche moelleuse aux brownies.

16 portions

120 g (½ tasse) de beurre
360 g (1 ½ tasse) de cassonade
180 g (1 tasse) de compote de pommes
2 œufs
2 c. à café (2 c. à thé) d'extrait de vanille
225 g (1 ¼ tasse) de farine tout usage tamisée
45 g (¼ tasse) de poudre de cacao non sucrée
1 c. à café (1 c. à thé) de levure chimique
½ c. à café (½ c. à thé) de bicarbonate de soude
60 g (½ tasse) de pacanes, hachées

- Préchauffer le four à 180 °C (350 °F). Graisser et fariner un plat de cuisson carré de 20 x 20 cm (8 x 8 po).

- Faire fondre le beurre dans une casserole de 2,5 litres (10 tasses). Retirer du feu et incorporer la cassonade, la compote de pommes, les œufs et la vanille sans cesser de battre. Tamiser la farine, le cacao, la levure chimique et le bicarbonate de soude dans la casserole et bien remuer tous les ingrédients. Ajouter les pacanes et remuer.

- Verser la pâte dans le plat de cuisson et cuire au four de 25 à 30 min ou jusqu'à ce qu'une brochette insérée au centre ressorte propre. Laisser refroidir dans le plat posé sur une grille métallique. Couper en carrés.

153

Flan de pommes

Un flan, c'est si simple à préparer. De plus, cela vous permet de servir un beau et bon dessert.

4 PORTIONS

4 pommes moyennes pelées, coupées en deux
4 c. à soupe de sucre
3 c. à soupe de beurre doux, fondu
50 à 75 ml (¼ à ⅓ tasse) de jus de pomme ou de cidre
3 œufs
70 g (⅓ tasse) de sucre
500 ml (2 tasses) de lait bouillant
Muscade

- Peler des pommes, retirer les cœurs et les couper en deux.

- Disposer les demi-pommes dans un plat beurré allant au four. Les saupoudrer de sucre, les arroser de beurre fondu et d'un peu de cidre ou de jus de pomme. Cuire au four à 180 °C (350 °F), 10 min.

- Durant la cuisson, battre 3 œufs, y dissoudre 70 g (⅓ tasse) de sucre et ajouter en versant lentement 500 ml (2 tasses) de lait bouillant.

- Retirer les pommes du four et les laisser tiédir. Verser l'appareil à flan sur les pommes et cuire au bain-marie, au four à 160 °C (325 °F), environ 30 min ; le centre sera pris.

- Saupoudrer légèrement de muscade et servir froid.

Brown Betty aux pommes

*Un Brown Betty est un dessert où l'on fait alterner les couches de pain et de pommes.
On peut remplacer le pain utilisé traditionnellement dans cette recette
par des cubes de gâteau sec.*

8 PORTIONS

180 g (³/₄ tasse) de cassonade

1 c. à café (1 c. à thé) de cannelle moulue

¹/₂ c. à café (¹/₂ c. à thé) de muscade
  moulue

¹/₄ c. à café (¹/₄ c. à thé) de clou de girofle
  moulu

6 tranches de pain ou 200 g (3 tasses)
  de gâteau sec en cubes

120 g (¹/₂ tasse) de beurre

3 c. à soupe de jus de citron

4 grosses pommes (Rome Beauty,
  Winesap, Cortland, Jonathan)

50 ml (¹/₄ tasse) de jus de pomme brut
  ou ordinaire

- Préchauffer le four à 180 °C (350 °F) et graisser un plat de cuisson de 2 litres (8 tasses).

- Dans un grand bol, mélanger la cassonade, la cannelle, la muscade et le clou de girofle. Émietter le pain dans le même bol.

- Faite fondre le beurre, ajouter le jus de citron et verser sur le pain.

- Peler et évider les pommes, puis les couper en fines tranches.

- Couvrir le fond du plat de cuisson avec une couche de miettes (environ le tiers des miettes). Ajouter la moitié des pommes, une autre couche de miettes, le reste des pommes, puis une dernière couche de miettes.

- Verser le jus de pomme sur le dessus. Couvrir avec du papier d'aluminium et cuire au four 30 min. Retirer le couvercle et cuire 20 min de plus. Servir chaud.

155

Croquant aux pommes au sirop d'érable

Le sirop d'érable ajoute une saveur toute spéciale à ce croquant.

6 pommes McIntosh ou Lobo, pelées et coupées en tranches

1er MÉLANGE
125 ml ($^1/_2$ tasse) de sirop d'érable
1 c. à café (1 c. à thé) de cannelle
$^1/_2$ c. à café ($^1/_2$ c. à thé) de muscade
1 c. à soupe de fécule de maïs

2e MÉLANGE
120 g ($^1/_2$ tasse) de beurre doux
180 g ($^3/_4$ tasse) de cassonade
180 g (1 tasse) de farine
45 g ($^1/_2$ tasse) d'avoine roulée

GARNITURE
Sucre glace

- Chauffer le four à 190 °C (375 °F). Beurrer un moule de 20 x 20 cm (8 x 8 po). Peler et évider les pommes, puis les couper en tranches.

- Mêler les tranches de pommes avec le sirop d'érable et les ingrédients secs du 1er mélange. Déposer cette préparation dans le moule, cuire 10 min au centre du four.

- Couper le beurre dans les ingrédients secs (2e mélange) jusqu'à ce que le mélange soit granuleux, l'étendre sur les pommes légèrement cuites.

- Cuire au centre du four chaud, jusqu'à ce que le dessus du croquant soit doré, soit de 20 à 25 min.

- Laisser tiédir. Saupoudrer de sucre glace. Servir tiède avec de la crème fraîche, de la crème glacée ou du yogourt nature.

156

Croquant aux pommes et aux raisins

Pour un dessert vraiment décadent, arrosez-le avec du beurre fondu avant de le mettre au four.

8 PORTIONS

4 pommes moyennes (Granny Smith, Northern Spy, Braeburn)

180 g (1 tasse) de raisins secs dorés

50 ml (¼ tasse) de jus d'orange

240 g + 2 c. à soupe (1 tasse + 2 c. à soupe) de cassonade

1 c. à café (1 c. à thé) de piment de la Jamaïque moulu

1 c. à café (1 c. à thé) de zeste d'orange, râpé

180 g (1 tasse) de farine tout usage

70 g (¾ tasse) d'avoine roulée à l'ancienne

½ c. à café (½ c. à thé) de cannelle moulue

120 g (½ tasse) de beurre

- Préchauffer le four à 200 °C (400 °F) et graisser un plat de cuisson de 2 litres (8 tasses).

- Peler et évider les pommes, puis les couper en morceaux de 6 mm (¼ po).

- Dans le plat de cuisson, mélanger les pommes avec les raisins secs, le jus d'orange, 2 c. à soupe de cassonade, le piment de la Jamaïque et le zeste d'orange.

- Dans un bol moyen, mélanger la farine, la cassonade restante, l'avoine et la cannelle. Couper le beurre avec ces ingrédients avec un mélangeur à pâtisserie ou deux couteaux jusqu'à l'obtention de miettes grossières. Étendre sur les pommes et les raisins secs.

- Cuire au four 30 min ou jusqu'à ce que le dessus soit doré.

157

Mousse de pommes à la menthe

*La mousse est légère, pas trop sucrée, et le goût de menthe
lui donne beaucoup de saveur.*

4-5 PORTIONS

2 lb (1 kg) de pommes blanches Melba
ou de pommes d'été, pelées et coupées
en quartiers
Le jus d'une orange
4 c. à soupe de miel
15 feuilles de menthe fraîche
$^1/_2$ zeste d'orange, râpé finement
2 blancs d'œufs
1 pincée de sel
Quelques feuilles de menthe fraîche

- Peler les pommes, enlever les cœurs et les couper en quartiers.

- Râper la moitié du zeste de l'orange, presser l'orange et déposer le jus dans une casserole avec le miel et le zeste. Chauffer doucement.

- Ajouter les pommes au sirop et quelques feuilles de menthe. Mijoter environ 20 min pour réduire les pommes en compote, retirer les feuilles de menthe, fouetter la compote pour la rendre très crémeuse, puis la refroidir.

- Battre les blancs d'œufs en neige avec la pincée de sel. Quand ils forment des pics, incorporer par cuillerée la compote refroidie.

- Laisser reposer 2 h dans le réfrigérateur.

- Servir la mousse très fraîche dans des coupes et décorer avec des feuilles de menthe.

Petites marmites de pommes

Vous ferez fureur avec vos « marmites ».
Excellent, différent, quel dessert !

4 PORTIONS

4 pommes
2 c. à soupe de raisins de Corinthe
Pointe de cannelle
4 c. à soupe de sucre à fruits ou de miel
2 c. à soupe d'amandes ou de noix,
  hachées
125 ml (½ tasse) de vin blanc ou de cidre
  sec
½ citron (jus et zeste)
1 c. à soupe de beurre doux
4 c. à soupe de crème à 15 %

- Couper 4 feuilles d'aluminium double épaisseur de 25 cm (10 po) de côté.

- Placer au centre du carré un verre pouvant contenir de 175 à 200 ml (⅔ à ¾ tasse) de liquide.

- Remonter les bords d'aluminium autour du verre et façonner en pressant votre « marmite ». On obtient ainsi un cylindre ouvert en haut. Faire 4 « marmites » de la même manière.

- Peler, épépiner les pommes et les couper en dés.

- Ajouter tous les ingrédients sauf le beurre et la crème, les mélanger et les répartir dans les 4 marmites.

- Ajouter une noisette de beurre dans chaque contenant, fermer hermétiquement.

- Cuire sous le gril du four 20 min à 10 cm (4 po) de la chaleur.

- Au moment de servir, ouvrir et ajouter dans chaque marmite 1 c. à soupe de crème. Servir dans la marmite même.

159

Dessert aux pommes à l'anglaise

Voici la recette de base que ma mère m'a apprise. Elle la prépare avec des pommes, de la rhubarbe, des mûres, des framboises, des groseilles et tous les fruits qu'elle cueille dans son jardin. Maman aime utiliser des pommes acidulées dans ses tartes et ses autres desserts.

8 PORTIONS

6 pommes acidulées moyennes (Granny Smith)
80 g + 60 g (¹/₃ tasse + ¹/₄ tasse) de sucre
Jus d'un demi-citron
1 c. à café (1 c. à thé) de cannelle moulue
135 g (³/₄ tasse) de farine tout usage
4 c. à soupe de beurre
Sucre en plus pour saupoudrer (facultatif)

• Préchauffer le four à 200 °C (400 °F) et graisser un plat de cuisson de 2 litres (8 tasses).

• Peler et évider les pommes, puis les couper en tranches de 12 mm (¹/₂ po). Les mettre dans une casserole avec 80 g (¹/₃ tasse) de sucre, le jus de citron et la cannelle. Cuire à feu doux 10 min, en remuant une ou deux fois en cours de cuisson. Les pommes doivent être tendres sans se défaire. Verser dans le plat de cuisson.

• Mélanger la farine et le sucre restant dans un petit bol. Couper le beurre dans la farine avec un mélangeur à pâtisserie ou deux couteaux jusqu'à l'obtention d'un mélange de miettes grossières. Étendre sur les pommes. (Si on le désire, on peut saupoudrer le dessus avec 2 c. à café (à thé) de sucre.)

• Cuire au four 30 min ou jusqu'à ce que le dessus soit doré.

Bourdelots

« Bourdelot » est un vieux mot normand qui désigne une pomme farcie et enrobée dans une pâte brisée. Succulent !

1 recette de pâte brisée
4 pommes moyennes
4 c. à soupe de fruits confits
4 c. à soupe de calvados ou d'une autre eau-de-vie
Sucre granulé

- Laver les pommes, enlever les cœurs, agrandir les cavités et hacher la pulpe enlevée. La mêler à des fruits confits hachés. Remplir les creux des pommes avec ce mélange et mouiller avec 1 c. à soupe de bénédictine ou de calvados par fruit.

- Placer au centre de chaque carré de 15 cm (6 po) de pâte brisée une pomme farcie. Rabattre sur le dessus les 4 angles de l'abaisse et souder les bords avec de l'œuf battu. Placer sur une plaque à pâtisserie graissée. Saupoudrer légèrement de sucre granulé.

- Cuire au four à 190 °C (375 °F) de 30 à 35 min. Ajouter, si on le désire, quelques gouttes de bénédictine (ou autre liqueur), au moment de servir. Servir chaud.

Pommes au vin rouge

Un dessert qui impressionne les invités ; on le sert quand on ne reçoit pas plus de 6 personnes ; sinon vous m'en voudrez de vous faire travailler autant !

500 ml (2 tasses) de vin rouge, pas trop sec
240 g (1 tasse) de sucre
1 bâton de cannelle
1 kg (2,2 lb) de pommes fermes

- Dans une casserole large et pas trop haute, faire bouillir le vin, le sucre et la cannelle à feu vif pendant 10 min.

- Peler les pommes ; les tourner en boules à l'aide de la cuillère parisienne ; les jeter dans le sirop de vin chaud (elles ne doivent pas se chevaucher).

- Les faire pocher de 5 à 7 min, les couvrir vers la fin de la cuisson, les garder un peu fermes. Retirer du feu et laisser macérer toute la nuit afin que les fruits prennent une belle couleur rouge. Servir sur de la crème glacée ou du yogourt.

Soufflé à la vanille

Ce soufflé non traditionnel requiert l'utilisation de tranches de pommes caramélisées pour confectionner la sauce.

8 PORTIONS

4 pommes moyennes (Gala, Braeburn, Empire, Golden Delicious)

7 c. à soupe de beurre

80 g + 60 g ($^1/_3$ tasse + $^1/_4$ tasse) de sucre

1 c. à café (1 c. à thé) de cannelle moulue

150 ml ($^2/_3$ tasse) de lait

3 c. à soupe de farine tout usage, tamisée

5 œufs, à la température ambiante et séparés

1 c. à soupe d'extrait de vanille

$^1/_4$ c. à café ($^1/_4$ c. à thé) de crème de tartre

1 c. à soupe de sucre glace (facultatif)

- Préchauffer le four à 200 °C (400 °F). Graisser un plat de cuisson de 1,5 litre (6 tasses).

- Peler et évider les pommes, puis les couper en tranches de 12 mm ($^1/_2$ po). Dans un poêlon, faire fondre 4 c. à soupe de beurre et faire sauter les pommes 5 min à feu moyen.

- Mélanger 80 g ($^1/_3$ tasse) de sucre avec la cannelle. Saupoudrer sur les pommes. Faire sauter environ 10 min, jusqu'à ce que les pommes commencent à caraméliser. La consistance sera sirupeuse et les pommes seront tendres. Retirer du feu et verser dans le plat de cuisson.

- Dans une petite casserole, mélanger le lait et le beurre restant. Amener presque à ébullition et retirer du feu.

- Dans un bol, mélanger le sucre restant et la farine.

- Dans un petit bol, battre les jaunes d'œufs et la vanille. Verser sur le sucre et la farine et bien remuer. Mélanger avec le lait et remuer ou battre 30 sec. Transvider dans la casserole et cuire à feu doux 2 min ou jusqu'à épaississement, sans cesser de remuer. Ne pas trop cuire pour empêcher les œufs de devenir brouillés.

- Avec un fouet ou le batteur électrique, battre les blancs d'œufs et la crème de tartre dans un grand bol jusqu'à la formation de pics légers et luisants. Verser le tiers des blancs dans les jaunes d'œufs, puis incorporer soigneusement et rapidement le reste.

- Verser le soufflé sur les pommes et mettre le plat dans le four préchauffé. Cuire 15 min, retirer du four et servir immédiatement. Si on le désire, saupoudrer de sucre glace.

Soufflé aux pommes et à la cannelle

Ce soufflé est facile à préparer. Si vous le servez à des adultes,
vous pouvez remplacer 2 c. à soupe de lait par la même quantité
de calvados ou d'applejack.

4 PORTIONS

175 ml (³/₄ tasse) de lait
3 c. à soupe de beurre
60 g (¹/₄ tasse) de sucre
3 c. à soupe de farine tout usage, tamisée
2 c. à café (2 c. à thé) de cannelle moulue
5 œufs, à la température ambiante
 et séparés
180 g (1 tasse) de compote de pommes
¹/₄ c. à café (¹/₄ c. à thé) de crème de
 tartre

- Préchauffer le four à 190 °C (375 °F). Graisser un plat à soufflé de 1 litre (4 tasses). Couper une feuille de papier d'aluminium assez longue pour envelopper tout le tour du plat et assez large pour le dépasser de 8 cm (3 po) en hauteur. Graisser le côté intérieur de la feuille, puis l'attacher ou la fixer.

- Verser le lait et le beurre dans une petite casserole et amener presque à ébullition. Retirer du feu.

- Mesurer le sucre, la farine et la cannelle dans un bol ou dans le mélangeur. Ajouter les jaunes d'œufs. Battre ou mélanger les jaunes d'œufs et la farine. Verser le lait et mélanger pendant 30 sec. Transvider dans la casserole et cuire à feu doux 2 min ou jusqu'à épaississement, sans cesser de remuer.

- Incorporer la compote de pommes.

- Avec un fouet ou le batteur électrique, battre les blancs d'œufs et la crème de tartre dans un grand bol jusqu'à la formation de pics légers et luisants. Verser le tiers des blancs dans la casserole, puis incorporer soigneusement et rapidement le reste des blancs sans les faire dégonfler.

- Verser dans le plat à soufflé et cuire au four de 35 à 40 min. Enlever délicatement le papier d'aluminium et servir immédiatement.

163

Pouding spongieux

*En Angleterre, plusieurs desserts sont spongieux et contiennent des fruits
ou de la confiture. Celui-ci est un grand classique.*

6 À 8 PORTIONS

3 pommes moyennes (Golden Delicious,
Ida Red, Empire)

75 ml (1/3 tasse) de miel ou de sirop
d'érable

240 g (1 tasse) de beurre, ramolli

240 g (1 tasse) de sucre cristallisé

4 œufs

3 c. à soupe de jus de citron

360 g (2 tasses) de farine tout usage,
tamisée

2 c. à café (2 c. à thé) de levure chimique

1/2 c. à café (1/2 c. à thé) de bicarbonate
de soude

2 c. à soupe de cassonade

1 c. à café (1 c. à thé) de zeste de citron,
râpé

1/2 c. à café (1/2 c. à thé) de cannelle
moulue

- Préchauffer le four à 180 °C (350 °F). Graisser
un plat de cuisson profond de 1,5 à 2 litres (6 à
8 tasses).

- Peler et évider les pommes, puis les couper en
tranches de 6 mm (1/4 po) avant de les mettre
dans le plat.

- Arroser avec le miel.

- Dans un grand bol, mélanger le beurre et le
sucre cristallisé jusqu'à consistance légère.

- Incorporer les œufs, un à la fois, puis le jus de
citron.

- Incorporer la farine, la levure chimique et le bicarbonate de soude. Verser sur les pommes et égaliser le dessus.

- Mélanger la cassonade, le zeste de citron et la
cannelle. Saupoudrer sur le pouding.

- Cuire au four de 50 à 60 min, jusqu'à ce qu'une
brochette insérée au centre ressorte propre. Servir chaud avec de la Crème anglaise (p. 168), de
la crème épaisse ou de la crème fouettée.

« Meringué » aux pommes

Cet entremets sucré qu'on prépare en deux étapes est d'une grande finesse, presque spectaculaire et facile d'exécution. Je vous garantis des éloges.

5 À 6 PORTIONS

1 kg (2 lb) de pommes
Sucre au goût
2 c. à soupe de beurre doux
1 c. à soupe de calvados ou de rhum
2 blancs d'œufs
4 c. à soupe de sucre fin
1 litre (4 tasses) de crème pâtissière ou
   de pouding à la vanille vendu dans
   le commerce

- Fondre le beurre dans une grande poêle, y faire revenir les pommes pelées et émincées, les sucrer légèrement. Monter la chaleur et cuire la compote en la remuant jusqu'à ce qu'elle ait une consistance épaisse. Parfumer avec l'eau-de-vie, laisser tiédir.

- Préparer une crème pâtissière ou utiliser un pouding à la vanille vendu dans le commerce ; laisser refroidir.

- Monter les blancs en neige, ajouter le sucre en le saupoudrant et continuer de battre jusqu'à ce que la meringue forme des pics.

- Beurrer un plat allant au four, de préférence transparent, le foncer de crème pâtissière. Couvrir avec de la compote et alterner ainsi jusqu'à épuisement des deux appareils. On peut préparer ce dessert à l'avance jusqu'à cette étape.

- Au moment de servir, napper entièrement avec la meringue. Dorer au centre du four à 200 °C (400 °F), environ 5 min. Servir dans des coupes à dessert individuelles.

165

Pommes au miel au four

*On oublie souvent de servir ces pommes au miel ;
utilisez de grosses pommes, c'est plus facile pour les farcir.*

6 PORTIONS

6 grosses pommes Cortland ou Spartan
90 g (½ tasse) de raisins secs dorés
150 ml (⅔ tasse) de rhum
60 g (½ tasse) de noix, hachées (noisettes
  émondées ou noix de Grenoble)
60 g (¼ tasse) de cassonade
125 ml (½ tasse) de miel de trèfle liquide
2 c. à soupe de beurre doux, fondu

- Faire tremper les raisins secs dans le rhum pendant la préparation des pommes.

- Beurrer un moule de 18 x 28 cm (7 X 11 po).

- Laver les pommes ; retirer les cœurs en élargissant un peu la cavité. Badigeonner l'intérieur avec le rhum. Tailler une fine incision dans la pelure tout autour de chaque pomme au milieu de la hauteur des fruits, afin d'éviter l'éclatement de la pomme à la cuisson.

- Retirer les raisins du rhum ; les mêler à la cassonade et aux noix ; remplir les cavités des pommes avec ce mélange. Déposer les fruits farcis dans le moule beurré.

- Mêler le rhum, le miel et le beurre fondu ; verser la moitié de ce liquide sur les pommes.

- Cuire au four chauffé à 180 °C (350 °F) pendant 20 min ou jusqu'à ce que les pommes soient tendres. Arroser les pommes à quelques reprises durant la cuisson avec le reste du mélange rhum-miel.

Roulé aux pommes à la danoise

Attendez quelques minutes avant de trancher le roulé :
il sera plus facile à servir. Bon, bon, bon !

PÂTE

160 g (²/₃ tasse) de beurre
180 g (1 tasse) de farine tout usage
180 g (1 tasse) de farine de blé
1 c. à café (1 c. à thé) de sel
125 ml (½ tasse) de crème sure

GARNITURE

4 pommes, pelées et coupées en petits dés
1 c. à soupe de beurre doux
1 c. à soupe de jus de citron
60 g (½ tasse) de noix de coco
90 g (½ tasse) de raisins de Corinthe
40 g (⅓ tasse) de noix de Grenoble, hachées
60 g (¼ tasse) de cassonade
½ c. à café (½ c. à thé) de cannelle
1 c. à soupe de beurre, fondu

- Couper le beurre dans les farines et le sel jusqu'à l'obtention d'un mélange granuleux, mouiller avec la crème sure, travailler la pâte du bout des doigts pour former une boule, l'envelopper dans du papier ciré et laisser reposer au froid quelques heures.

- Peler les pommes, les couper en dés. Chauffer le beurre, y faire sauter les pommes 1 min, les arroser de jus de citron.

- Mêler tous les autres ingrédients aux pommes légèrement affaissées, refroidir.

- Rouler la pâte en un rectangle de 22 X 33 cm (9 X 13 po). Étendre la garniture au centre, replier les bords vers le centre en refermant bien le rouleau.

- Placer le roulé sur une plaque à pâtisserie avec un rebord, le pli sur la plaque légèrement beurrée.

- Faire des incisions sur le dessus.

- Cuire au four chaud à 200 °C (400 °F), de 35 à 45 min ou jusqu'à ce que la pâte soit dorée.

- Mêler le jus d'un demi-citron avec 4 c. à soupe de sucre et verser sur le roulé chaud, servir immédiatement.

Crème anglaise

En Angleterre, les tartes et les poudings sont souvent accompagnés de crème comme celle-ci.
Servez-la également avec des pommes cuites au four, des croustades et des croustillants.
On la mange habituellement chaude, mais on peut la conserver dans le réfrigérateur
sans problème. La crème anglaise froide est une pure merveille !

80 g (¹/₃ tasse) de sucre
2 c. à soupe de fécule de maïs
3 jaunes d'œufs
500 ml (2 tasses) de lait ou de crème
   légère
2 c. à café (2 c. à thé) d'extrait de vanille

- Mélanger le sucre et la fécule de maïs et fouetter avec les jaunes d'œufs dans la partie supérieure d'un bain-marie jusqu'à consistance onctueuse.

- Chauffer le lait dans une casserole moyenne. Dès que le liquide atteint le point d'ébullition, en verser la moitié dans le mélange aux œufs sans cesser de remuer. Verser le reste du lait, puis la vanille.

- Placer la partie supérieure du bain-marie au-dessus d'une casserole d'eau qui mijote (elle ne doit pas toucher l'eau). Cuire 2 min ou jusqu'à épaississement, sans cesser de remuer, jusqu'à ce que le mélange soit onctueux.

- Retirer du feu et verser dans une petite cruche. Servir immédiatement ou couvrir de papier ciré (sulfurisé) pour empêcher le lait de se couvrir d'une fine peau.

168

Sauce aux pommes et au sirop d'érable

La sauce la plus tout usage qu'on puisse servir. Elle se conserve très bien au réfrigérateur; et surtout, elle est délicieuse.

270 g (1 ½ tasse) de compote de pommes épaisse non sucrée
180 ml (¾ tasse) de sirop d'érable
1 c. à soupe de jus de citron

- Bouillir 5 min à gros bouillons le sirop d'érable, lui ajouter la compote de pommes et bien mêler.

- Fouetter quelques minutes avec le jus de citron.

- Servir cette sauce chaude ou froide. Délicieuse avec les crêpes, les gaufres, les poudings au riz, au pain, au tapioca, avec de la crème glacée, du yogourt ou sur du gâteau aux épices. Cette sauce se conserve au moins 10 jours dans le réfrigérateur.

169

Dumplings aux pommes et aux abricots

*Ces dumplings peuvent être préparés en un clin d'œil,
surtout si vous utilisez de la pâte vendue dans le commerce. Ne vous laissez pas intimider
par cette recette qui est beaucoup plus simple que vous ne le pensez.
Les dumplings ont un petit goût de tarte aux pommes,
mais ils se présentent d'une manière beaucoup plus originale.*

6 PORTIONS

6 pommes moyennes (Rome Beauty,
   Braeburn, Jonathan)
70 g ($^1/_4$ tasse) de confiture d'abricots
4 c. à soupe de beurre, ramolli
2 c. à soupe de cassonade
Pâte à tarte pour une croûte double
   (p. 132)
Lait

- Préchauffer le four à 200 °C (400 °F). Beurrer un grand plat de cuisson peu profond.

- Peler et évider partiellement les pommes en laissant environ 6 mm ($^1/_4$ po) de cœur à la base. Enlever les queues et parer le fond, au besoin, pour que les pommes tiennent solidement debout.

- Battre la confiture, le beurre et la cassonade ensemble. Farcir les pommes avec ce mélange.

- Diviser la pâte en 6 morceaux et rouler chacun à 6 mm ($^1/_4$ po) d'épaisseur pour obtenir 6 carrés de 15 x 15 cm (6 x 6 po).

- Mettre une pomme au centre de chaque carré de pâte et ramener les quatre coins de pâte ensemble. Humecter avec un peu de lait et sceller.

- Ranger les dumplings dans le plat de cuisson en veillant à ce qu'ils ne se touchent pas. Garder de 3 à 5 min dans le congélateur pour refroidir la pâte.

- Réduire la température du four à 190 °C (375 °F). Badigeonner la pâte avec un peu de lait et cuire au four de 50 à 60 min ou jusqu'à ce que les dumplings soient dorés. Servir chaud avec de la Crème anglaise (p. 168) ou de la crème glacée à la vanille.

Sorbet aux pommes

Un dessert léger et agréable qui plaira après un repas trop lourd.
Servez-le aussi comme entremets au cours d'un repas plus élaboré.

DONNE 1 LITRE (4 TASSES)

500 ml (2 tasses) de jus de pomme brut
  ou ordinaire
360 g (2 tasses) de compote de pommes
60 g (¼ tasse) de miel
1 c. à café (1 c. à thé) de gingembre
  moulu ou de cannelle moulue

- Mélanger tous les ingrédients dans un bol moyen ou encore dans le mélangeur ou le robot de cuisine. Laisser refroidir 1 h dans le réfrigérateur.

- Verser dans la sorbetière ou la turbine et suivre les indications du manufacturier pour faire de la crème glacée. On peut aussi verser le mélange dans un plat peu profond et le garder environ 1 h dans le congélateur. Il suffit ensuite de battre le mélange, de couvrir de papier d'aluminium et de mettre dans le congélateur jusqu'à ce que le sorbet soit ferme.

Pommes à la crème fouettée

Un dessert anglais classique qui ressemble à un nuage de fruits et de crème fouettée.
On le fait habituellement avec des groseilles,
mais les autres fruits donnent aussi de merveilleux résultats.

171

6 À 8 PORTIONS

250 ml (1 tasse) de crème épaisse
2 c. à soupe de sucre glace
360 g (2 tasses) de compote de pommes
½ c. à café (½ c. à thé) de cannelle
  moulue

- Verser la crème dans un bol moyen. Ajouter le sucre et battre vigoureusement.

- Incorporer la compote de pommes.

- Verser dans des plats à dessert individuels et saupoudrer de cannelle.

Conservation de la
récolte

Conservation de la récolte

Quand la récolte est abondante, il est tout naturel de vouloir mettre en conserve les fruits exquis que nous pourrons savourer pendant la saison froide.

Pour conserver votre récolte de pommes

Si vous avez commencé la cueillette des pommes au mois d'août, vous risquez, lorsque la fin du mois d'octobre s'amène, de voir votre famille souhaiter que ce fruit soit interdit à la consommation. C'est le moment de commencer à faire vos conserves.

Il y a plusieurs façons de prolonger la vie de vos pommes: vous pouvez les mettre en conserve, les congeler, les sécher. La compote de pommes et les pommes découpées en tranches sont faciles à mettre en conserve ou à congeler. Vous pouvez aussi en faire des confitures, des gelées, des beurres de pommes, ou, côté salé, des chutneys épicés et des condiments de type relish.

Si les tartes aux pommes constituent un des aliments de base de votre foyer, vous pouvez les congeler avant de les cuire et les préparer plus tard en un rien de temps en passant directement du congélateur au four (voir p. 180). Personnellement, je n'aime pas congeler des tartes déjà cuites; la croûte du fond finit toujours par ramollir.

Mise en conserve ou congélation?

La mise en conserve et la congélation permettent de garder les pommes longtemps. Au congélateur, elles se conserveront de 8 à 12 mois sans que leur goût et leur texture ne soient altérés, surtout si vous les placez dans un sirop de sucre ou de miel. En conserve, les pommes et les compotes se garderont indéfiniment, même s'il est toujours préférable de ne mettre en conserve que la quantité que vous comptez utiliser au cours de l'année.

La plupart des gens n'ont pas suffisamment d'espace dans leur congélateur pour y conserver des pommes ou des préparations à base de pommes; c'est pourquoi ils préfèrent les conserves. Quant à moi, j'apprécie aussi leur côté pratique: j'aime avoir sous la main des pommes prêtes à manger ou à cuire sans devoir attendre qu'elles décongèlent, ce qui demande beaucoup de temps.

Principes de base de la mise en conserve

On peut mettre en conserve les pommes en tranches, les compotes et les confitures en utilisant un bain d'eau bouillante, constitué d'une grande bassine ou marmite dotée d'un panier adapté et d'un couvercle. Le processus dure environ 15 min pour un demi-litre de pommes en tranches, 20 min pour un litre. Pour la compote, il faut compter 10 min, pour un litre ou un demi-litre. Quant aux confitures et aux marmelades, un traitement d'une dizaine de minutes prolongera beaucoup leur vie sur vos tablettes.

Pour vos conserves de fruits ou de légumes, utilisez toujours des pots spécialement destinés à cet usage et qui comportent un couvercle de métal plat et une partie qu'on peut visser. Attention! Il n'est pas recommandé d'utiliser des pots à couvercles de verre avec un joint d'étanchéité en caoutchouc amovible et un système d'attache en métal.

Une pince à pot et un entonnoir à large col rendront l'opération de mise en conserve beaucoup plus facile et plus sûre.

Quand les pots auront refroidi pendant 12 h, assurez-vous que chaque couvercle est hermétiquement clos en vérifiant qu'il s'est formé une légère dépression à sa surface. Si le joint d'un couvercle ne semble pas étanche (tournez le pot à l'envers pour voir s'il coule), prenez un pot propre et un nouveau couvercle, remplissez-le avec votre mélange et recommencez l'opération; ou encore mettez ce pot au réfrigérateur et servez-vous-en dans les jours qui suivent. La texture de la compote de pommes ne sera pas affectée par un second traitement, mais les pommes en tranches ne le supportent pas et vous allez vous retrouver avec une bouillie plutôt qu'avec des tranches.

Utilisés et manipulés avec soin, les pots Mason pourront servir plusieurs fois. Il suffit d'utiliser un couvercle neuf.

Tranches de pommes en conserve

Les pommes tranchées en conserve sont idéales pour les tartes, les crêpes et les desserts cuits. Elles sont aussi très bonnes dans les salades de fruits. Cependant, peler les pommes avant d'en faire des conserves est une tâche fastidieuse. Quand j'ai de grosses quantités de pommes, je préfère les utiliser pour faire de la compote. Prévoyez environ trois pommes de taille moyenne par pot d'un litre.

- Lavez les pots et les couvercles à l'eau chaude savonneuse et rincez avec soin. Préparez les couvercles conformément aux directives du manufacturier. Réchauffez l'eau à l'avance dans votre bassine.

- Pour chaque pot d'un litre, versez 500 ml (2 tasses) d'eau et 250 ml (1 tasse) de sucre granulé extra fin dans une casserole et amenez lentement à ébullition en brassant pour dissoudre le sucre. Faites bouillir ce sirop durant 5 min et retirez du feu.

- Pelez, enlevez le cœur et coupez les pommes en tranches d'environ 6 mm (1/4 po). Placez-les immédiatement dans un bol contenant un gallon (4 litres) d'eau froide, additionnée de 2 c. à soupe de jus de citron.

- Quand toutes les pommes sont tranchées, égouttez-les et emplissez-en les pots, jusqu'à 12 mm (1/2 po) du bord, sans briser les tranches.

- Ramenez le sirop à forte ébullition et versez-le sur les pommes que vous avez mises dans les pots, en prenant soin de laisser un vide de 12 mm (1/2 po) sur le dessus. Prenez une spatule en caoutchouc ou une baguette chinoise et faites-la passer tout autour des pots, à l'intérieur, pour les débarrasser des bulles d'air. Essuyez le bord des pots avec un linge humide propre et vissez les couvercles.

- Procédez ensuite suivant les indications pour la Mise en conserve dans un bain d'eau bouillante, p. 178 (15 min pour les demi-litres; 20 min pour les litres).

- Retirez les pots et ajustez les couvercles vissables pour serrer les joints d'étanchéité.

- Laissez les pots refroidir sans y toucher durant 12 h. Vérifiez si la fermeture est hermétique. Entreposez dans un endroit sec et frais.

177

Compote de pommes en conserve

Un boisseau de pommes (19 kg/42 lb) donnera de 16 à 20 litres de compote. Lavez les pommes et coupez-les en quartiers. Il n'est pas nécessaire de les peler. Placez les pommes dans une marmite contenant environ 2,5 cm (1 po) d'eau. Couvrez et faites cuire jusqu'à ce que les pommes soient molles, en brassant de temps à autre pour éviter qu'elles ne brûlent et pour leur permettre de cuire également.

Pendant que les pommes cuisent, préparez vos pots et vos couvercles et réchauffez l'eau de votre marmite. Lavez les pots et les couvercles dans une eau chaude savonneuse; rincez à fond. Préparez les couvercles conformément aux directives du fabricant.

Quand les pommes sont molles, passez-les dans une passoire, un tamis ou un robot de cuisine pour enlever la pelure et les pépins.

Remettez la compote dans votre marmite et ramener à ébullition. Faites cuire encore au moins 10 min, ou jusqu'à ce que la compote atteigne la consistance désirée. Ajoutez sucre et cannelle au goût.

La mise en conserve dans un bain d'eau bouillante

Pour mettre en conserves les confitures, les gelées et autres, nous recommandons la méthode suivante, basée sur l'utilisation d'un bain d'eau bouillante:

1. Remplir la bassine à moitié d'eau. Préchauffez l'eau à 82 °C (180 °F).

2. Placez les pots bien pleins, avec leurs couvercles bien étanches, dans le panier de la bassine. Servez-vous des poignées pour descendre le panier dans l'eau; ou bien déposez les pots un à un dans la bassine en vous servant d'une pince à pot.

3. Au besoin, ajoutez de l'eau bouillante: il faut que le niveau de l'eau dépasse d'au moins 2,5 cm (1 po) le couvercle des pots. Amenez rapidement l'eau à ébullition et faites bouillir à gros bouillons.

4. Réglez la minuterie selon les durées recommandées.

5. Replacez le couvercle et baissez le feu pour conserver une ébullition légère pendant toute la durée de l'opération. Ajoutez de l'eau bouillante au besoin pour que l'eau recouvre bien le dessus des pots.

6. Quand les pots ont suffisamment bouilli, éteignez le feu et retirez le couvercle de la bassine.

7. Au moyen d'une pince à pot, retirez les pots et placez-les sur une serviette. Veillez à laisser un espace d'au moins 2,5 cm (1 po) entre les pots pour leur permettre de refroidir plus rapidement.

Avec une louche, placez la compote chaude dans des pots chauds et propres, en laissant un vide de 12 mm (1/2 po) sur le dessus. Essuyez les bords avec un linge humide propre et vissez les couvercles.

Procédez ensuite selon les directives pour la Mise en conserve dans un bain d'eau bouillante décrites à la page précédente (10 min pour les litres et les demi-litres).

Retirez les pots. Serrez les couvercles pour assurer l'étanchéité des joints.

Laissez les pots refroidir pendant 12 h sans y toucher. Vérifiez l'étanchéité. Entreposez dans un endroit frais et sec.

Congélation de pommes en tranches

- Pelez, enlevez le cœur et tranchez 1,4 kg (3 lb) de pommes (9 pommes moyennes) en tranches de 6 mm (1/4 po).
- Placez dans 1 litre (4 tasses) d'eau additionnée de 2 c. à soupe de jus de citron.
- Amenez l'eau à ébullition dans une casserole et plongez-y les pommes tranchées, par portion de 500 g (1 lb). Blanchissez durant 1 min, pas plus. Égouttez aussitôt.
- Placez sur des plaques à biscuits, sur une seule couche, et congelez.
- Lorsque les tranches de pommes sont congelées, placez-les dans des sacs à congélation en plastique, fermez-les bien et remettez au congélateur.

Pommes congelées

Même si vous ne choisissez pour les congeler que des pommes fermes, fraîches et savoureuses, vous allez découvrir qu'elles perdent de leur fermeté et de leur saveur durant la période où elles demeurent au congélateur. C'est pour cela qu'il importe de ne choisir que des pommes parfaites et de se reporter au tableau de la p. 198 pour voir quelles sont les variétés recommandées pour la congélation. Si vous voulez congeler de la compote cuite, choisissez les pommes qui figurent dans le tableau sous l'en-tête

Congélation de pommes entières

- Pelez et enlevez le cœur, ou lavez et enlevez le cœur des pommes.
- Placez dans une casserole d'eau bouillante et faites blanchir durant 1 min.
- Égouttez et farcissez d'un mélange de noix et de raisin liés avec du miel.
- Enveloppez chaque pomme dans une pellicule plastique ou un papier ciré. Placez-les dans des sacs à congélation et mettez-les au congélateur.
- Pour servir, retirez les pommes du congélateur et placez-les dans un plat beurré, garnissez de beurre, couvrez et faites cuire au four préchauffé à 200 °C (400 °F) durant 30 min, où jusqu'à ce que vous puissiez percer facilement les pommes avec une fourchette.

179

Compote. La cuisson protège la texture et la saveur de la compote — dans la mesure où on la consomme dans un délai raisonnable.

Essayez d'accélérer le processus de congélation en plaçant les pots qui viennent d'être remplis près d'une surface refroidissante, sur le plancher du congélateur ou sur une tablette, et en laissant de l'espace autour de chacun d'eux. Quand ils seront complètement gelés, vous pourrez replacer votre congélateur de la manière qui vous convient.

Congélation des tartes

Si vous avez l'intention de congeler des tartes cuites, assurez-vous qu'elles sont complètement refroidies avant de les placer dans les sacs à congélation. La chaleur, même minime, provoque de la condensation dans le sac à congélation, et c'est cela qui rend la tarte humide et la croûte molle.

Faites cuire les tartes sans les décongeler, dans un four préchauffé à 190 °C (375 °F), durant environ 30 min. Si la croûte a tendance à trop brunir, recouvrez la tarte d'un papier aluminium.

Les tartes prêtes à cuire peuvent être préparées de la façon habituelle, mais ne percez pas de trou d'aération dans la croûte avant d'être prêt à la faire cuire. Faites cuire sans décongeler dans un four préchauffé à 220 °C (425 °F) durant 30 min. Réduisez la température à 190 °C (375 °F) et continuez la cuisson de 30 à 40 min. Couvrez la croûte d'un papier aluminium si elle devient trop brune avant que la tarte ait fini de cuire.

Faire des confitures, des gelées, des beurres et des chutneys

Faire des conserves est simple, économique et merveilleusement satisfaisant. J'éprouve beaucoup de plaisir à regarder mes pots de beurre de pommes doré, de marmelades riches en fruit et de chutneys. Et le vert clair et vif des gelées de pommes à la menthe est un plaisir pour l'œil.

Ces trésors faits maison sont aussi savoureux sur du pain grillé que pour accompagner un plat salé.

Parmi tous les fruits, les pommes pour tartes se classent dans une catégorie à part quand vient le moment de faire des confitures, à cause de la forte présence de pectine qui agit comme un agent naturel d'épaississement.

La stérilisation des pots et des couvercles

- Choisissez une casserole à laquelle peut s'ajuster un double fond (une assiette par exemple) pour éviter que les pots ne touchent le fond de la casserole et craquent, et suffisamment profonde pour permettre à l'eau de recouvrir les pots.
- Lavez les pots et les couvercles à l'eau chaude avec un peu de savon à vaisselle. Rincez à fond.
- Placez les pots debout dans la casserole et remplissez d'eau chaude (non bouillante) jusqu'à ce que l'eau recouvre complètement les pots. Amenez à ébullition et laissez bouillir légèrement durant 15 min. (Certains lave-vaisselle offrent un cycle de stérilisation que vous pouvez utiliser pour stériliser vos pots.)
- Stérilisez ou ébouillantez les couvercles en respectant les recommandations du manufacturier.
- Retirez les pots de l'eau bouillante ou du lave-vaisselle un à la fois, à mesure que vous êtes prêts à les remplir.

Pour votre sécurité, nous recommandons que toutes les gelées, les confitures, les marmelades, les beurres de fruit, les chutneys et les relishs soient mis en conserve dans des pots stérilisés chauds, en ménageant un vide de 6 mm ($\frac{1}{4}$ po), puis fermés hermétiquement selon les directives du fabricant, et que ces pots passent ensuite 10 min dans un bain d'eau bouillante.

181

Beurre de pommes

Si vous voulez en faire une grande quantité, quadruplez la recette et faites cuire le beurre de pommes pendant quelques heures.

DONNE 1 LITRE (4 TASSES)

8 ou 9 pommes moyennes (Golden Delicious, Empire, Ida Red, McIntosh, Gala)
1 c. à café (1 c. à thé) d'eau
1 orange
600 g (2 ½ tasses) de cassonade

- Râper le zeste de l'orange et le réserver dans un bol. Couper l'orange en deux et presser le jus dans le bol contenant le zeste. On obtiendra de 125 à 175 ml (½ à ¾ tasse).

- Presser les pommes à travers une passoire. Jeter la pelure, remettre la pulpe dans la casserole, puis incorporer la cassonade, le zeste et le jus d'orange.

- Laisser mijoter à feu très doux, en remuant souvent, jusqu'à ce que le mélange épaississe, soit environ 1 ½ h. (Si l'on préfère, on peut aussi verser le mélange dans une rôtissoire et le cuire à découvert 1 h dans le four réglé à 180 °C (350 °F) en remuant de temps à autre. Réduire la température du four à 120 °C (250 °F) et cuire de 2 à 3 h de plus, jusqu'à épaississement.)

- Stériliser deux bocaux de 473 ml (16 oz). Retirer le beurre de pommes du feu et le verser à la louche dans les pots chauds et stérilisés en laissant un espace de 6 mm (¼ po) entre le beurre et l'orifice du pot. Remuer le beurre avec une spatule pour laisser s'échapper les bulles d'air. Essuyer le bocal avec un linge propre. Fermer les bocaux en suivant les indications du manufacturier. Plonger les pots 10 min dans un bain d'eau bouillante (p. 178).

- Évider les pommes et les couper en quartiers. Mettre dans une grande casserole, ajouter l'eau, couvrir et laisser mijoter à feu doux environ 30 min ou jusqu'à ce qu'elles soient tendres. Remuer à mi-cuisson.

Confiture de pommes et de mûres

Le petit-déjeuner que prépare ma mère dans sa maison écossaise ne serait pas complet sans cette confiture. Les mûres poussent en abondance derrière sa demeure. En août, elle s'empresse de les cueillir et d'en faire de merveilleuses recettes.

DONNE ENVIRON 2 LITRES (8 TASSES)

3 pommes acidulées moyennes (Granny Smith, Winesap)
250 ml (1 tasse) d'eau
750 g (6 tasses) de mûres
2 kg (8 tasses) de sucre cristallisé

• Peler et évider les pommes, puis les couper en tranches. Réserver les pelures. Mettre les tranches dans une grande bassine à confiture avec 125 ml (½ tasse) d'eau. Couvrir et laisser mijoter de 15 à 20 min, ou jusqu'à ce que les pommes soient tendres.

• Mettre les mûres dans une casserole moyenne, ajouter les pelures retenues dans un carré de mousseline et 125 ml (½ tasse) d'eau. Laisser mijoter de 15 à 20 min ou jusqu'à ce que les fruits soient tendres.

• Jeter les pelures de pomme. Ajouter les mûres et leur liquide de cuisson aux pommes. (Ou passer les mûres à travers une passoire pour enlever les graines, puis mélanger la pulpe restante avec les pommes.)

• Incorporer le sucre cristallisé et dissoudre à feu très doux.

• Remuer les fruits et amener à forte ébullition pendant 10 min ou jusqu'à ce qu'on juge que la confiture est assez consistante quand on en dépose un peu sur une assiette froide.

• Quand la confiture est assez consistante, retirer du feu et verser à la louche dans quatre bocaux stérilisés en laissant un espace de 6 mm (¼ po) entre la confiture et l'orifice du pot. Remuer la confiture avec une spatule pour laisser s'échapper les bulles d'air. Essuyer le bocal avec un linge propre. Fermer les bocaux en suivant les indications du manufacturier. Plonger les pots 10 min dans un bain d'eau bouillante (p. 178).

183

Marmelade de pommes

J'ai commencé à aimer la marmelade dès ma petite enfance.
Chez moi, nous en mangions toujours à l'heure du petit-déjeuner.

DONNE ENVIRON 4 LITRES (16 TASSES)

2 oranges moyennes (480 g/1 lb)
2 citrons moyens (240 g/8 oz)
1 pamplemousse (240 g/8 oz)
6 pommes acidulées moyennes (Granny Smith, Winesap)
3 litres (12 tasses) d'eau
2,25 kg (5 lb) de sucre extra-fin

- Brosser les agrumes. Peler finement les zestes avec un éplucheur ou un couteau à parer en prenant soin de ne pas prendre l'écorce blanche et amère située juste en dessous. Hacher les zestes ou les couper en filaments. Mettre dans une grande bassine à confiture.

- Presser le jus et les pépins dans un bol. Enlever les membranes intérieures et les hacher grossièrement. Mettre les fruits et les pépins au centre d'un carré de mousseline à double épaisseur. Verser le jus dans la casserole avec le zeste.

- Laver, peler et évider les pommes. Ajouter les pelures dans la mousseline et bien fermer celle-ci avant de la mettre dans la bassine. Hacher les pommes et les mettre dans la bassine avec l'eau.

- Amener à ébullition, réduire la chaleur et laisser mijoter environ 1 ½ h ou jusqu'à ce que les pelures soient tendres et que le liquide soit réduit de moitié.

- Soulever le sachet de mousseline, le presser au-dessus de la bassine et le jeter. Ajouter le sucre et remuer jusqu'à dissolution complète.

- Amener à ébullition ; laisser bouillir rapidement de 15 à 20 min environ, jusqu'à ce que le thermomètre à bonbons atteigne 105 °C (220 °F) ou jusqu'à ce qu'on juge que la marmelade est assez consistante quand on en dépose un peu sur une assiette froide. Enlever l'écume qui s'est formée à la surface.

- Quand la marmelade est assez consistante, retirer du feu et verser à la louche dans huit bocaux stérilisés de 473 ml (16 oz) en laissant un espace de 6 mm (¼ po) entre la marmelade et l'orifice du pot. Remuer la marmelade avec une spatule pour laisser s'échapper les bulles d'air. Essuyer le bocal avec un linge propre. Fermer les bocaux en suivant les indications du manufacturier. Plonger les pots 10 min dans un bain d'eau bouillante (p. 178).

Gelée de pommes à la menthe

Pour obtenir une gelée de pommes à la cannelle, remplacez la menthe par 2 bâtonnets de cannelle. Si l'on ajoute quelques pommettes dans la bassine, la gelée contiendra davantage de pectine, ce qui lui donnera une meilleure consistance.

DONNE ENVIRON 1 LITRE (4 TASSES)

10 pommes acidulées moyennes (Granny Smith, Jonathan, Jonagold)
750 ml (3 tasses) d'eau
60 g (2 tasses) de feuilles de menthe fraîche
3 c. à soupe de jus de citron
660 à 720 g (2 ³/₄ à 3 tasses) de sucre
Colorant alimentaire vert (facultatif)

- Couper les pommes en quartiers et les mettre dans une grande bassine à confiture avec l'eau et la menthe. Laisser mijoter 30 min ou jusqu'à ce que les pommes soient tendres.

- Verser les fruits et le liquide dans une passoire ou un chinois tapissé avec quatre épaisseurs de mousseline ou dans un sac à gelée humecté. Laisser le liquide s'écouler de 2 à 3 h. Pour obtenir une gelée claire, ne pas presser les fruits dans la passoire.

- Mesurer le jus dans une bassine propre (on doit en mesurer environ 1 litre (4 tasses) et amener à ébullition. Ajouter le jus de citron et le sucre (compter 180 g (³/₄ tasse) de sucre pour 250 ml (1 tasse) de jus). Laisser bouillir 10 min ou jusqu'à ce que le sucre soit dissous. Le liquide doit atteindre 104 °C (220 °F) sur un thermomètre à bonbons. La gelée doit prendre lorsqu'on en jette un peu sur une soucoupe refroidie.

- Quand la gelée a atteint cette étape, enlever l'écume. Ajouter une goutte de colorant alimentaire vert si on le désire.

- Verser immédiatement dans 4 bocaux stérilisés en laissant un espace de 6 mm (¹/₄ po) entre la confiture et l'orifice du pot. Remuer la gelée à l'aide d'une spatule le long des parois pour éliminer les bulles d'air. Essuyer l'orifice avec un linge propre. Couvrir les pots en suivant les indications du manufacturier. Ébouillanter les pots 10 min dans un bain d'eau bouillante (p. 178).

185

Chutney aux pommes et à la rhubarbe

Ma mère faisait ce chutney quand elle vivait à Woodfalls, en Angleterre.
Il y avait un immense verger sur la ferme familiale et maman savait en profiter.

DONNE ENVIRON 3,5 LITRES (14 TASSES)

5 pommes moyennes (Fuji, Granny Smith)
2 kg (4 lb) de rhubarbe, en morceaux
  de 2,5 cm (1 po)
4 oignons moyens, hachés
480 g (1 lb) de raisins secs noirs
480 g (1 lb) de cassonade
625 ml (2 $\frac{1}{2}$ tasses) de vinaigre de malt
2 c. à thé de cari
$\frac{1}{2}$ c. à café ($\frac{1}{2}$ c. à thé) de cannelle
  moulue
$\frac{1}{2}$ c. à café ($\frac{1}{2}$ c. à thé) de clou de girofle
  moulu
$\frac{1}{2}$ c. à café ($\frac{1}{2}$ c. à thé) de gingembre
  moulu
$\frac{1}{2}$ c. à café ($\frac{1}{2}$ c. à thé) de macis moulu
$\frac{1}{4}$ c. à café ($\frac{1}{4}$ c. à thé) de poivre
  de Cayenne

- Peler et évider les pommes, puis les couper en dés.

- Mélanger tous les ingrédients dans une grande bassine à confiture, couvrir et amener à ébullition.

- Enlever le couvercle, réduire la chaleur à température minimale et laisser mijoter environ 2 h, en remuant de temps à autre, jusqu'à ce que le chutney soit épais et tendre.

- Verser dans 7 ou 8 bocaux stérilisés en laissant un espace de 6 mm ($\frac{1}{4}$ po) entre le chutney et l'orifice du pot. Remuer le chutney à l'aide d'une spatule le long des parois pour éliminer les bulles d'air. Essuyer l'orifice avec un linge propre. Couvrir les pots en suivant les indications du manufacturier. Ébouillanter les pots 10 min dans un bain d'eau bouillante (p. 178).

Les différentes variétés de
pommes

Les descriptions des caractéristiques des pommes sont d'ordre général. C'est-à-dire que, comme celle des vins, la qualité des pommes dépend de nombreux facteurs : latitude, terroir, temps et soin apporté à leur culture, entre autres.

Les pommes d'une même variété diffèrent non seulement d'une année à l'autre, mais aussi d'un jour à l'autre durant leur maturation. Dans un même sac de pommes, j'ai constaté de grandes différences d'apparence et de goût. Même si leur grosseur était la même, leur couleur variait beaucoup selon qu'elles étaient plus ou moins mûres.

La couleur de fond de la peau passe du vert foncé au vert pâle, puis au jaune à mesure que la pomme mûrit, tandis que sa couleur de surface devient rouge vif ou jaune profond. Dans certaines variétés, la couleur de surface cache complètement la couleur de fond. Prenez, par exemple, l'une de mes favorites, l'Empire. Parfois elle est tout à fait rouge vif, parfois rouge vif sur fond jaune. Juteuse et épicée lorsqu'elle est mûre, l'Empire est insipide et sans intérêt si elle est consommée trop tôt.

Certaines pommes semblent à première vue tout à fait vertes, jaunes ou rouges ; mais un examen de la peau révélera souvent la présence de pâles rayures, marbrures ou points jaunes ou roses. Dans les pages suivantes, vous apprendrez à mieux connaître les pommes, des variétés courantes aux nouveaux hybrides, en passant par les variétés anciennes.

Variétés populaires

Voici la description des variétés les plus populaires auprès des pomiculteurs. Ce sont des pommes qui se conservent bien et que l'on peut se procurer pendant de nombreux mois de l'année.

très juteuse! ✓ **Braeburn :** Découverte sous forme de semis en Nouvelle-Zélande en 1952, cette variété serait issue de la Lady Hamilton. Sa peau jaune est rayée de rouge. Sa chair crème pâle est croquante, juteuse et aigre-douce. Idéale pour les desserts frais, elle convient aussi à la cuisson au four et à la fabrication d'une compote délicieusement sucrée.

Cortland : Variété résultant du croisement de la Ben Davis et de la McIntosh réalisé au centre de recherche agricole de Geneva, dans l'État de New York. Elle a été lancée sur le marché en 1915. On la cultive surtout dans le Nord-Est américain, dans les États des Grands Lacs et dans l'Est du Canada. De calibre moyen à gros, elle a une peau à rayures rouges et vertes, et sa chair croquante et juteuse est aigre-douce. Vu que sa chair blanche résiste au brunissement, on l'utilise beaucoup dans les salades et coupes de fruits. C'est une pomme tout usage.

Delicious, Golden : Cultivée dans la plupart des régions du pays, la Golden Delicious vient au second rang des cultures, devancée par la Red Delicious avec laquelle elle n'a aucun lien de parenté. Parfois appelée Yellow Delicious, elle a été découverte en Virginie occidentale en 1914 (elle était alors nommée Mullin's Yellow Seedling). Les frères Starck, propriétaires d'une pépinière à Louisiana, au Missouri, spécialisés dans l'acquisition des droits relatifs aux nouvelles variétés, ont acheté ceux de la Golden Delicious. Il est arrivé que les Starck découvrent de nouvelles variétés durant les concours de fruits qu'ils commanditaient. De calibre moyen à gros, elle a une peau jaune pâle ou jaune-vert, et un goût sucré peu prononcé. Même si elle est croquante lorsqu'on récolte la pomme en septembre ou en octobre, sa chair pâle devient souvent sèche et molle. La peau se ratatine si la conservation ne se fait pas au froid. Idéale pour les collations, les desserts frais et les salades, la Golden Delicious est une excellente pomme tout usage.

191

Delicious, Red : Cultivée dans tout le pays, c'est la pomme la plus populaire en Amérique. Lorsqu'on l'a découverte à Peru, en Iowa, en 1872, on l'a nommée Hawkeye.
Les frères Starck l'ont rebaptisée Red Delicious en 1895. (On dit que George Starck se
serait écrié : « Elle est délicieuse ! » lorsqu'il a mordu dans la Hawkeye de Jesse Hiatt durant un concours de fruits, en 1895.) Cette pomme rouge vif est croquante et juteuse
si elle est récoltée en septembre et en octobre. Même si l'industrie la considère comme
une pomme qui se conserve bien, elle a une chair sucrée, au goût peu prononcé, qui
est trop souvent farineuse et molle. Elle convient bien aux collations, aux salades et aux
coupes de fruits.

Empire : Issue du croisement de la Red Delicious et de la Mcintosh, l'Empire a été lancée en production commerciale en 1966 par le centre de recherche agricole de Geneva,
dans l'État de New York. On la cultive surtout dans le Nord-Est et dans les États septentrionaux du Midwest américain. De grosseur moyenne, l'Empire est rouge sur fond
jaune (parfois tout rouge), et sa chair est croquante et juteuse. Parce qu'elle est sucrée et
épicée, c'est la meilleure pomme à manger telle quelle, dans les salades ou dans les coupes de fruits.

Fuji : Aromatique et éclatante de saveur, c'est la pomme la plus vendue au Japon, où
elle a été mise au point en 1958 par le croisement de la Ralls-Genete et de la Red Delicious. Elle a une belle peau vert jaunâtre à rayures orange-rouge. Sa chair jaune pâle est
dense, croquante et aigre-douce. La Fuji conserve sa saveur lorsqu'elle est conservée à
la température ambiante, mais cette saveur s'améliore après un long séjour en entre-
pôt. Excellente pomme à manger telle quelle, à ajouter aux salades ou à transformer
en compote.

Gala : Mise au point en 1934, en Nouvelle-Zélande, par J.H. Kidd de Greytown, la Gala
(parfois appelée Royal Gala) est issue du croisement de la Kidd's Orange Red et de la Golden Delicious. Sa mince peau rouge-orange (en réalité or à rayures rouges) renferme une
chair blanc jaunâtre aromatique et moyennement sucrée. Croquante et juteuse, la Gala se
mange telle quelle, s'ajoute aux salades et se marie bien aux fromages doux à pâte molle.

Ginger Gold : Découverte sous forme de semis dans un verger de Virginie en 1969, après le passage de l'ouragan Camille, on croit qu'elle dérive de l'Albemarle Pippin. C'est une grosse pomme or verdâtre, parfois faiblement voilée de rouge. Sa chair croquante et juteuse, d'un blanc pur, résiste au brunissement plusieurs heures après que la pomme a été pelée et découpée. C'est ce qui fait de la Ginger Gold la pomme idéale pour les salades, hors-d'œuvre et garnitures. À sa cueillette, cette pomme a un goût acidulé avec un arrière-goût sucré ; après la maturation en chambre froide, la chair devient sucrée et douce. La Ginger Gold devrait être consommée dans les deux mois suivant la récolte.

Granny Smith : Même si elle est l'une des variétés les plus populaires en Amérique, elle est encore importée de l'hémisphère sud durant toute l'année. Née à Sydney, en Australie, il y a une centaine d'années, elle est désormais cultivée dans plusieurs États américains. De calibre moyen et de couleur vert pâle, elle possède un goût allant du sucré au très acidulé selon son degré de maturité. Sa chair est ferme et croquante ; même si elle est peu savoureuse, la chair ferme de la Granny Smith en fait une bonne pomme tout usage. La récolte américaine est mise en marché d'octobre à juin.

Ida Red : Cette pomme, créée scientifiquement en 1942, au centre de recherche agricole de l'Université d'Idaho, résulte du croisement de la Jonathan et de la Wagener. Même si elle est surtout cultivée dans le Nord-Est et dans les États septentrionaux du Midwest, la demande est telle que sa production augmente dans tous les coins du pays. De calibre moyen à gros, elle présente une peau rouge vif, et sa chair crème est très ferme, croquante et juteuse. L'Ida Red, aigre-douce et délicieusement épicée, est une pomme tout usage, particulièrement appréciée dans les collations et les desserts. La fermeté de sa chair la rend particulièrement appropriée à la cuisson au four. La saveur de cette pomme s'améliore après un entreposage de plusieurs mois sous une atmosphère contrôlée.

Jerseymac : Pomme de calibre moyen à gros, rouge sur fond vert. Sa peau dure renferme une chair croquante, piquante et juteuse. C'est une pomme tout usage qui ne se conserve pas très bien.

Jonagold : Le centre de recherche agricole de l'Université Cornell a créé la Jonagold en croisant la Jonathan et la Golden Delicious. Elle a été lancée sur le marché américain en 1968. C'est une grosse pomme de forme elliptique, dont la peau jaune est légèrement voilée de rayures orange-rouge. Sa chair supercroquante et juteuse a un goût sucré et acidulé bien équilibré. La Jonagold est une excellente pomme tout usage et l'une des meilleures à manger telle quelle.

Jonamac : De calibre moyen à gros, et de couleur rouge sur vert, cette pomme à la chair ferme et au goût légèrement acidulé peut être considérée comme une pomme tout usage. Cependant, elle ne se conserve pas très bien.

Jonathan : À son lancement en 1826 à Woodstock, dans l'État de New York, cette pomme était appelée Rick Apple. Alors qu'elle occupait le 5e rang sur le plan de la récolte aux États-Unis, sa production est désormais limitée dans le Nord. C'est une pomme rouge de calibre moyen, présentant un beau voile jaune. Sa chair ferme, croquante et juteuse a une saveur faiblement acidulée, avec un arrière-goût épicé. C'est une excellente pomme tout usage qui garde bien sa forme, et que l'on peut faire cuire au four ou dans des tartes.

Lodi : Verte et de calibre petit à moyen, la Lodi a une chair ferme légèrement acidulée, mais sans beaucoup de saveur. Pomme de fin d'été, elle convient bien à la cuisine mais se conserve mal.

194

Macoun : Issue du croisement de la McIntosh et de la Jersey Black, c'est une pomme de calibre moyen rouge présentant parfois un voile gris peu attrayant. Cependant, sa chair blanc neige est supercroquante et juteuse, et son goût sucré compense son manque de saveur. On la consomme telle quelle ou on l'utilise dans les salades et les coupes de fruits. Elle donne une excellente compote. La Macoun se conservant mal — elle ramollit et perd sa saveur durant l'entreposage —, on peut rarement se la procurer après novembre. On la cultive surtout dans le Nord-Est et un peu dans les États septentrionaux du Midwest.

McIntosh : John McIntosh a découvert cette pomme en Ontario, en 1830. Troisième en volume de production aux États-Unis, elle est cultivée dans tous les États du Nord-

Est et des Grands Lacs, ainsi que dans l'Est du Canada et en Colombie-Britannique. C'est une pomme de calibre moyen, rouge sur fond vert, dont la chair sucrée est croquante, juteuse et faiblement parfumée. On la mange telle quelle en automne ; plus tard, on en fait de la compote. La McIntosh s'écrase si on la cuit entière au four ou si on en garnit des tartes.

Melrose : En 1970, la société horticole de l'État d'Ohio a fait de la Melrose la pomme officielle de l'État. Sa forme est légèrement aplatie, sa peau est rouge mat sur fond jaune. Cependant, sa chair ferme, croquante, juteuse, sucrée et savoureuse nous fait vite oublier sa piètre apparence. C'est une excellente pomme tout usage.

Mutsu/Crispin : Cette descendante de la Golden Delicious a été introduite aux États-Unis par les Japonais en 1948. Surtout cultivée dans le Nord-Est, elle gagne en popularité dans tout le pays. C'est une très grosse pomme jaune-vert, ressemblant à la Golden Delicious. Cependant, sa chair est beaucoup plus juteuse et granuleuse que celle de cette dernière, et sa peau résiste mieux à l'entreposage. C'est une excellente pomme tout usage.

Newtown Pippin : Censément découverte à Newtown, dans l'État de New York, en 1758, c'est l'une des plus anciennes variétés en production commerciale. On la cultive dans de nombreux États. Sa chair ferme, croquante, juteuse et aigre-douce rend la Newtown Pippin idéale pour les garnitures de tartes et les compotes, et fait d'elle l'une des variétés favorites de l'industrie de la transformation.

Northern Spy : Découverte à East Bloomfield, dans l'État de New York, vers 1800, cette variété est aujourd'hui cultivée dans le Nord-Est américain, dans les États septentrionaux du Midwest et dans l'Est du Canada. C'est une pomme de calibre moyen à gros, à fond vert pâle tirant sur le jaune avec des rayures rouges. Sa chair crème est croquante, juteuse et très aromatique — qualités qu'apprécie l'industrie de la transformation. Excellente pomme tout usage, elle se congèle très bien. Du fait que sa récolte est bisanuelle, la Northern Spy est de moins en moins populaire auprès des pomiculteurs commerciaux.

Patricia : Une véritable vedette ! La production de cette variété est tellement limitée que les stocks s'épuisent dès la deuxième semaine de septembre. Excellente pomme à manger telle quelle, elle se conserve mal. C'est un petit fruit vert et jaune pâle, lavé de rose. Sa chair croquante, juteuse et sucrée a le goût typique d'une « vraie » pomme.

Paula Red : Variété découverte en 1960 à Sparta, au Michigan, et lancée sur le marché en 1967. On la cultive surtout dans le Nord-Est et dans les États septentrionaux du Midwest. Pomme de calibre moyen récoltée au début de septembre, elle est généralement rouge, mais parfois ombrée de jaune-vert. Sa chair est croquante, juteuse et aigre-douce. Ce peut être une pomme tout usage, mais elle se conserve mal. Mieux vaut la consommer dans les six semaines suivant la récolte.

Puritan : Pomme jaune citron rosâtre, dont la chair ferme et juteuse est très acidulée. Elle peut servir à toutes les fins culinaires, mais ne se cuit pas entière au four.

Raritan : Fruit rouge sur vert à la saveur d'une « vraie » pomme, c'est l'une de mes favorites. Elle a une chair merveilleusement croquante, très juteuse et légèrement aigre-douce. La Raritan étanche agréablement la soif.

Rome Beauty : On a trouvé cette pomme rouge intense en 1816, à Rome, en Ohio. Sa chair est douce, faiblement acidulée, sèche et ferme. On ne la mange pas telle quelle, mais elle convient bien à la cuisson au four parce qu'elle conserve forme et saveur. C'est pourquoi elle demeure l'une des variétés les plus populaires dans tout le pays.

196

Spartan : Rouge vif, pointillée de blanc ; forme ronde. Goût sucré. Elle cuit très facilement, donc excellente pour les desserts cuits. Bonne aussi à croquer.

Stayman : Issue de pépins de Winesap, la Stayman a été découverte en 1866 à Leavenworth, au Texas. C'est pourquoi on l'appelle parfois, à tort, Stayman Winesap. On la cultive dans le Nord-Est, dans le Midwest oriental et dans les États méridionaux de l'Atlantique. C'est une pomme de calibre moyen, d'un rouge intense parfois ombré de vert (dans le Nord-Est, il arrive qu'elle ne mûrisse pas). Sa chair est doucement acidulée, croquante et juteuse. Excellente à croquer telle quelle, elle est aussi une bonne pomme tout usage.

Tydeman Red : La peau de cette pomme rouge sur fond vert est dure. Sa chair, plutôt difficile à mâcher, est acidulée. Elle convient très bien à la cuisson.

Wellington : Pomme rouge sur fond vert de calibre moyen, dont la chair ferme est assez juteuse. Sans être spectaculaire, c'est une bonne pomme tout usage.

Winesap : On croit que cette variété est apparue au New Jersey à la fin du XVIIIe siècle. Avec la Newtown Pippin, c'est la variété la plus ancienne à être encore en production commerciale. Même si on la cultive à peu près partout, les plus grosses récoltes viennent du Nord-Ouest et des États centraux de l'Atlantique. C'est une pomme de calibre moyen, à peau rouge épaisse, à chair croquante et juteuse, dont la saveur aigre-douce a un arrière-goût de vin. C'est une excellente pomme tout usage.

York Imperial : À sa découverte à York, en Pennsylvanie, vers 1830, on a appelé cette pomme Johnson's Fine Winter Apple. On la cultive dans les États des Appalaches : Pennsylvanie, Virginie occidentale, Virginie, Maryland et Delaware. Elle occupe le sixième rang de la production aux États-Unis. De calibre moyen et de forme asymétrique, elle a une peau rouge intense à raies jaune verdâtre. La York Imperial est une pomme ferme et croquante, à la fois sucrée et acidulée, à la saveur plutôt douce. Elle est très prisée par les fabricants de garnitures de tartes et de compotes. C'est une bonne pomme tout usage, qui prend du moelleux durant l'entreposage en chambre froide.

197

Variétés de pommes au Québec

La pomme occupe une place importante dans la gamme des fruits et légumes au Québec. En valeur, elle arrive derrière la banane et avant les agrumes et à peu près au même rang que les raisins. La pomme est un marché de variétés et on ne calcule plus les préférences : ferme, juteuse, rouge, verte, jaune ! Les pommes hâtives, en juillet et en août, ne représentent pas un volume significatif. Le marché de la pomme s'active véritablement avec l'arrivée, en septembre, de la Lobo et de la McIntosh.

Utilisation des diverses variétés de pommes

Variété	Récolte et disponibilité	Telle quelle	Salade	Compote	Au four (entière)	Tarte	Congélation
Baldwin	Nov./Avril	bonne	bonne	bonne	bonne	bonne	passable
Braeburn	Nov./Juin	excellente	excellente	excellente	excellente	excellente	bonne
Cortland	Sept./Juin	bonne	excellente	bonne	bonne	bonne	passable
Delicious, Golden	Sept./Juin	bonne	excellente	excellente	bonne	bonne	bonne
Delicious, Red	Sept./Juin	bonne	bonne	médiocre	médiocre	médiocre	médiocre
Empire	Oct./Juin	excellente	bonne	bonne	passable	passable	passable
Fuji	Oct./Juin	bonne	bonne	bonne	passable	bonne	passable
Gala	Sept./Mai	bonne	bonne	excellente	bonne	bonne	passable
Granny Smith	Oct./Juin	bonne	bonne	passable	bonne	bonne	bonne
Ida Red	Oct./Mars	bonne	bonne	bonne	excellente	excellente	bonne
Jerseymac	Août/Sept.	bonne	bonne	bonne	passable	passable	médiocre
Jonagold	Oct./Avril	excellente	excellente	bonne	bonne	bonne	bonne
Jonamac	Sept./Oct.	bonne	bonne	bonne	médiocre	passable	médiocre
Jonathan	Sept./Avril	excellente	bonne	bonne	excellente	excellente	bonne
Lodi	Juil./Août	passable	passable	passable	passable	passable	médiocre
Macoun	Sept./Nov.	excellente	bonne	bonne	médiocre	passable	médiocre
McIntosh	Sept./Juin	bonne	passable	bonne	médiocre	passable	médiocre
Melrose	Oct./Avril	bonne	bonne	excellente	excellente	excellente	excellente
Mutsu/Crispin	Oct./Mai	excellente	bonne	excellente	bonne	excellente	bonne
Newtown Pippin	Oct./Mai	bonne	bonne	excellente	bonne	excellente	bonne
Northern Spy	Oct./Mai	bonne	bonne	bonne	excellente	excellente	bonne
Patricia	Sept.	excellente	bonne	bonne	médiocre	passable	médiocre
Paula Red	Sept./Oct.	bonne	bonne	bonne	passable	passable	médiocre
Puritan	Août/Sept.	médiocre	passable	passable	médiocre	passable	médiocre
Raritan	Août	excellente	bonne	bonne	médiocre	passable	médiocre
Rhode Island Greening	Oct./Avril	médiocre	passable	bonne	bonne	bonne	bonne
Rome Beauty	Oct./Juin	médiocre	passable	bonne	bonne	bonne	bonne
Stayman	Oct./Mai	bonne	bonne	bonne	bonne	bonne	bonne
Twenty Ounce	Août/Déc.	médiocre	passable	bonne	bonne	bonne	bonne
Tydeman Red	Août/Sept.	passable	passable	passable	médiocre	médiocre	passable
Wellington	Août/Sept.	bonne	bonne	bonne	médiocre	passable	passable
Winesap	Nov./Juil.	excellente	excellente	excellente	bonne	bonne	bonne
York Imperial	Oct./Juin	excellente	excellente	bonne	excellente	excellente	bonne

Crépps Pink (Pineers) ordinaire = duke (très gosres)

Variétés anciennes rustiques

Des milliers de variétés de pommiers se développèrent aux États-Unis durant les XVIIe, XVIIIe et XIXe siècles, une fois que les colons eurent décidé de planter des pépins de pommes plutôt que des scions importés d'Angleterre ou d'ailleurs en Europe. C'est ainsi que ces colons découvrirent qu'un pépin de pomme ne donnait pas un arbre de la même variété que le pommier d'origine. C'est également aux XVIIIe et XIXe siècles que les pépins de pommes furent répandus d'un océan à l'autre par le légendaire Johnny Appleseed. Né John Chapman en 1774, au Massachusetts, celui-ci parcourut les nouveaux territoires pendant une quarantaine d'années, y vendant pépins, boutures et plants.

La disparition de certaines variétés de pommiers était inévitable. Parmi les milliers de variétés de pommes offertes à la consommation, celles qui se gâtaient rapidement étaient considérées comme une menace pour les pomiculteurs. Au tournant du XXe siècle, au moment où les moyens de transport devinrent plus fiables et qu'on put dès lors se procurer toutes sortes d'aliments provenant des quatre coins du pays ou du monde, on cessa de dépendre entièrement des produits cultivés localement. Le verger personnel ne fut plus pour le ménage la source principale de fruits. Par conséquent, on estima qu'il n'était plus avantageux de cultiver une si vaste gamme de pommiers qu'il faillait tailler, fertiliser et protéger contre oiseaux et insectes. On limita les cultures aux seules variétés produisant des pommes qui se conservaient bien et qui convenaient le mieux à la fabrication de tartes, de compotes et de cidre. Les pommiers dont les fruits supportaient mal le transport ou l'entreposage de longue durée, ou qui ne donnaient leur première récolte qu'au bout de dix ans et, par la suite, tous les deux ans seulement furent abandonnés. On cessa également de produire les pommes dont la peau était rugueuse, brunâtre ou tachetée, estimant ces fruits inacceptables pour le consommateur américain sur le plan esthétique.

Un autre facteur majeur contribua à l'élimination de certaines variétés. En 1918, un hiver particulièrement rigoureux détruisit des milliers de pommiers dans l'Est. Lorsqu'ils reconstruisirent leurs vergers, les pomiculteurs commerciaux suivirent les recommandations des pomologues : ils plantèrent en abondance la MacIntosh, la Red Delicious, la Golden Delicious et la Rome Beauty. Cependant, on peut encore trouver certaines des pommes favorites du passé — Wealthy, Tolman Sweet, Pound Sweet, Rhode Island Greening et Baldwin — dans les petits vergers commerciaux dont la clientèle est locale plutôt que nationale.

Juillet et août		
	Usage	Saison
La transparente ou pomme blanche	pomme à croquer	mi-juillet à fin août
Melba	pomme à croquer	mi-juillet à fin août
Bella Vista	pomme à croquer	mi-juillet à fin août

Je me considère fortunée chaque fois que je tombe par hasard sur un verger à l'ancienne, dont le propriétaire privilégie la saveur plutôt que l'abondance. Les variétés anciennes peuvent être une véritable révélation, non seulement de par leur goût, mais aussi de par leur nom et leur apparence.

Ashmead Kernel : Pommier cultivé vers 1700 par le docteur Ashmead, à Gloucester, en Angleterre. Considéré comme l'une des meilleures pommes à couteau, ce fruit de forme conique, un peu asymétrique, a un goût sucré délicieusement tempéré par une pointe d'acidité. Sa chair jaune verdâtre est ferme et aromatique. Sa peau brun roux présente un voile orangé.

Baldwin : Variété découverte à Wilmington, au Massachusetts, vers 1740. Cultivée surtout dans l'État de New York et en Nouvelle-Angleterre, elle a cessé d'être populaire auprès des pomiculteurs du fait qu'il faut attendre 10 ans pour la première récolte, qui, par la suite, est bisanuelle. Cette grosse pomme rouge à striures jaune a la chair ferme, croquante, juteuse, aromatique et modérément acidulée. C'est une bonne pomme tout usage.

Black Gilliflower ou Sheepnose : Découverte au Connecticut à la fin des années 1700, cette pomme a la forme du museau d'un mouton et une peau rouge pourpre intense. Sa chair est ferme, sucrée et parfumée. Délicieuse telle quelle, elle peut aussi être cuite au four.

Black Twig : Parfois appelée Blacktwig ou Twitty's Paragon. Découvert sous forme de semis vers 1830, à la ferme du major Rankin Toole de Fayetteville, au Tennessee, ce pommier a été distribué par la pépinière Twitty. La Black Twig était une variété très populaire auprès des pomiculteurs du centre de la Virginie au XIXe siècle et au début du XXe. Considérée comme une pomme de bonne conservation, elle est juteuse et aromatique. Il lui faut une certaine période d'entreposage pour que sa chair jaune atteigne le summum de sa saveur. Elle a une belle peau, généralement à rayures jaunes et à voile rouge foncé.

Septembre et octobre

	Description	Usage	Saison
Gala	Croquante et juteuse, elle arrive en même temps que la Lobo fin août. Sa chair est blanc jaunâtre. Moyennement sucrée.	à croquer, salades, desserts	fin août à octobre
Lobo	Grosse, peau rouge foncé, tachetée de petits points blancs. Elle gagnerait à être exploitée.	desserts	fin août à novembre
McIntosh	La plus populaire, grosseur moyenne, peau rouge foncé, tachetée de jaune et de vert sur un côté. Très juteuse et sucrée.	tout usage	mi-septembre à avril
Empire	Croisement d'une McIntosh et d'une Délicieuse rouge. Elle est plus ferme que la McIntosh, un peu moins juteuse.	tout usage	fin septembre à décembre
Spartan	Globuleuse, peau rouge foncé, moyenne ou grosse, tachetée de petits points blancs, elle gagne en popularité.	tout usage	fin septembre à avril
Cortland	Grosse, globuleuse et aplatie, rayée de rouge vif. Excellente en cuisine, elle jaunit moins.	tout usage	octobre à mi-mars
Red Delicious	Allongée, se rétrécissant vers le haut et se termine par 5 lobes, rayée de rouge vif.	desserts	novembre à février
Russet	Peu connue, appelée aussi pomme grise, peau épaisse, très ferme, peu juteuse. Elle a ses adeptes.	cuisson (excellente) conserve sa forme	mi-octobre à décembre

201

Chenango Strawberry : Apparue dans l'État de New York au milieu des années 1800, cette pomme jaune pâle à rayures roses a une chair molle présentant un parfum de fraise clairement perceptible.

Cox Orange Pippin : Le terme « Pippin » était couramment utilisé pour les petites pommes lorsque celle-ci fut découverte en Angleterre, vers 1830. Merveilleusement aromatique, elle a une peau jaune intense, plutôt dure, lavée d'orange et de rouge. Sa chair croquante, tendre, juteuse et parfumée en fait l'une des meilleures pommes de couteau. Elle donne un cidre de première qualité.

Duchess of Oldenburg : Importée de Russie en Angleterre en 1815, cette variété a été introduite aux États-Unis en 1835. Sa peau à rayures rouges, très tendre, renferme une chair teintée de jaune. Ferme, croustillante et juteuse, cette pomme est idéale pour les tartes et les compotes, mais trop acidulée pour être mangée telle quelle.

Fameuse ou Snow : Originaire de France, ce pommier est cultivé dans les États de New York et du Vermont depuis le début du XVIIIe siècle. C'est une pomme ferme de petit calibre, à peau rouge vif, parfois pourpre. Sa chair, très blanche mais parfois rayée de rouge, est croquante. Excellente pomme de couteau, elle ne conserve pas sa forme à la cuisson.

Lady : Petite pomme découverte en France à l'époque médiévale. En raison de sa peau vert et rouge et de sa chair blanche, ferme et croquante, la Lady est très appréciée comme décoration de table durant le temps des Fêtes. Elle est délicieuse telle quelle et donne un bon cidre.

Porter : Grosse pomme jaune lavée de rouge, elle a été découverte au Massachusetts vers 1800. Sa chair blanche est ferme, croquante et savoureuse. On peut la mettre en conserve, la cuire ou la manger telle quelle.

Pound Sweet ou Pumpkin Sweet : Découverte au Connecticut vers 1850, c'est une grosse pomme à peau jaune et rayures vertes. Sa chair jaune et juteuse présente une saveur inusitée, plutôt sucrée. Elle convient très bien à la cuisson au four.

Red Astrachan : Cette pomme provenant de Russie est entrée aux États-Unis vers 1835. Sa peau jaune pâle est marquée de rayures rouge bleuâtre, et sa juteuse chair blanche est souvent teintée de rouge. Récoltée au début de l'été, cette pomme mûrit de manière inégale et se conserve mal. On s'en sert en cuisine avant qu'elle ne soit complètement mûre. Cependant, tout à fait mûre, cette pomme est très savoureuse dans les desserts frais et salades.

Rhode Island Greening : Variété apparue vers 1700, sous forme de plant issu par hasard d'un pépin et poussant près de la taverne d'un certain monsieur Green, de Green's End, Newport, au Rhode Island. La peau vert vif de ce fruit renferme une chair croquante, juteuse et acidulée. Si on laisse cette pomme mûrir, elle devient assez douce pour pouvoir être consommée telle quelle. Cependant, comme la plupart des pomiculteurs la cueillent avant maturité, elle est parfaite pour les tartes.

Roxbury Russet : C'est une authentique variété ancienne américaine, découverte à Roxbury, au Massachusetts, vers 1635. Sa peau or est tachetée de brun et de rouge, et sa chair ferme et jaune délicieusement sucrée. Excellente telle quelle ou pour la fabrication du cidre, cette pomme se conserve longtemps en entreposage.

Smokehouse : William Gibbons a fait pousser cette variété près de son fumoir du comté de Lancaster, en Pennsylvanie, au début du XIXe siècle. C'est une pomme à peau vert jaunâtre tachetée de rouge. Sa chair crème est ferme et juteuse et fait de la Smokehouse une bonne pomme pour les desserts frais et les salades. Elle n'est pas recommandée pour la cuisson.

Sops of Wine : L'origine de cette pomme remonte à l'Angleterre du Moyen-Âge. Sa chair blanche tachée de rouge ressemble a du pain trempé dans du vin.

Summer Rambo : Originaire de France, où elle s'appelait Rambour France, c'est l'une de nos plus vieilles variétés ; elle a été introduite aux États-Unis en 1817. La chair tendre et juteuse de cette grosse pomme jaune verdâtre à rayures rouges la rend délicieuse à croquer et idéale pour la compote.

203

Tolman Sweet : On croit que cette variété de pomme a été découverte à Dorches-ter, au Massachusetts, vers 1822. Sa peau jaune verdâtre présente parfois un voile rose pâle. Sa chair blanche est exceptionnellement sucrée. Cette pomme est considérée comme celle qui donne la meilleure compote naturellement sucrée. À consommer telle quelle ou à cuire au four.

Tompkins King : Découverte au New Jersey vers 1800, c'est une grosse pomme jaune à large rayures rouges. Sa peau est tendre, et sa chair crème est croquante, ju-teuse et modérément acidulée. Peu prisée consommée telle quelle, elle gagne à être cuite.

Twenty Ounce : Exposée au Massachusetts pour la première fois vers 1845, cette pomme passe pour être originaire du Connecticut. C'est une grosse pomme verte, à rayures rouges une fois mûre. Sa peau dure renferme une chair ferme, au goût acidulé. Cette combinaison fait de la Twenty Ounce une pomme idéale pour la cuisson.

Wealthy : Pomme à mince peau jaune pâle ombrée de rouge, découverte au Minne-sota vers 1860. Sa chair blanche, croquante et juteuse, est souvent marbrée de rouge. Excellente consommée telle quelle, elle convient parfaitement à la cuisson et à la fabri-cation du cidre.

Westfield Seek-No-Further : Considérée à une certaine époque comme la plus parfaite pomme de couteau, elle a été découverte à Westfield, au Massachusetts, vers 1796. Sa peau vert jaunâtre est lavée de rouge. Elle a une chair jaune pâle croquante, juteuse et très savoureuse.

Winter Banana : Plus que centenaire, cette variété est originaire de l'Indiana. Elle a des joues rose sur fond jaune et — faut-il s'en étonner ? — sa saveur rappelle celle de la ba-nane.

Wolf River : Baptisée en l'honneur de l'endroit au Wisconsin où on l'aurait censément découverte vers 1880, c'est une pomme extrêmement grosse. On dit souvent qu'une seule suffit à garnir une tarte. Sa peau jaune pâle est striée de rouge. Elle a une chair jaune pâle qui est ferme, tendre et juteuse. Elle est excellente consommée telle quelle ou cuite.

Index des recettes

Toutes les recettes de ce livre ont été élaborées et rédigées par Olwen Woodier, sauf celles des pages suivantes, qui ont été créées par Suzanne P. Leclerc : 32, 39 (en haut), 41, 46, 48, 49, 71, 72, 75, 79, 98, 99, 100, 107, 110, 112, 123, 127, 134, 150 (en bas), 154, 156, 158, 159, 161, 165, 166, 167 et 169.

Table des matières

Achevé d'imprimer au Canada
en août 2002
par Imprimeries Transcontinental inc.
Division Imprimerie Gagné